PLANCHES À PARTAGER

SABRINA FAUDA-RÔLE
PHOTOGRAPHIES DE REBECCA GENET

PLANCHES À PARTAGER

MARABOUT

SOMMAIRE

QU'EST-CE QU'UNE PLANCHE À PARTAGER ?

Une planche à partager est un assemblage de préparations maison et de préparations toutes prêtes du commerce rangées harmonieusement sur une même planche pour créer un apéro qui sort de l'ordinaire et qui étonne par sa présentation et ses associations.

La composition graphique de la planche apporte une touche spectaculaire à ce moment convivial qu'est l'apéro lorsqu'elle arrive sur la table, et le fait de pouvoir piocher çà et là dans les différentes préparations rend aussi ce moment ludique.

Les différentes propositions de planches varient d'apéros simples, qui précèdent un repas, à de gros apéros dînatoires de 8 à 12 personnes selon les appétits. Elles offrent des recettes simples qui sont parfois juste de l'assemblage et que l'on peut agrémenter à son goût au fil des saisons.

Les produits utilisés pour ces recettes respectent autant que possible la saisonnalité, aussi bien pour l'impact environnemental que pour la facilité à trouver tous les éléments qui composent la planche à la même période de l'année.

Même s'ils n'apparaissent pas sur les photos, les petits couverts, couteaux à tartiner, serviettes et petites assiettes sont souvent les bienvenus pour accompagner les planches, car ils sont plus pratiques pour préparer des portions individuelles.

COMMENT COMPOSER UNE PLANCHE ?

1.

Commencer par placer les différents bols, s'il y en a, pour créer un espace où vont se ranger les autres éléments. Ils contiennent souvent des dips, de petits condiments ou des ingrédients à parsemer. On peut les placer au centre de la planche ou bien dans un ou plusieurs coins. Cela permet de visualiser ensuite la place que prendra le reste des ingrédients. Les préparer et les placer juste à côté pour être sûr de ne rien oublier.

2.

Ajouter ensuite les gros éléments de la planche en choisissant leur emplacement en fonction de la place qu'ils prennent : fromages, assemblage de charcuteries, etc. On commence déjà à visualiser la forme finale de la planche en réfléchissant par exemple à assortir les couleurs ou, au contraire, à créer différents espaces de couleur, ou on cherche à créer une forme logique (légumes à croquer à côté des tartinades par exemple, fromage et charcuterie à côté du pain).

3.

Placer les éléments coupés ou de petite taille qui peuvent tourner autour des bols et avec lesquels on peut créer des formes comme les crudités ou les fruits secs, les éléments de charcuterie de forme modifiable (les tranches de jambon que l'on peut plier ou ramasser en chiffonnade) et certains gros éléments qui peuvent être coupés pour s'adapter à la forme géométrique de la planche. Ne pas hésiter à les faire se chevaucher et à intercaler les éléments pour créer de jolis motifs.

4.

Ranger enfin les derniers éléments à tremper ou à tartiner (crackers, pain, etc.) toujours en suivant la forme géométrique de la planche, en cassant ou en coupant des éléments au besoin. S'il y a des éléments à servir chaud, calculer la place qu'ils prendront sur la planche et la réserver pour les placer juste avant de servir.

Pour les crackers et le pain, on peut en placer une petite quantité sur la planche et réserver le reste pour réassortir au fur et à mesure. Les quantités de pain sur les planches mixtes, par exemple, sont indicatives et à adapter à l'appétit des mangeurs.

CONSEILS & ASTUCES

LE MATÉRIEL DE PRÉSENTATION

Les planches

Il est bon d'avoir un choix de 3 planches pour les présentations, de façon à pouvoir adapter la recette à la taille de la planche :

- une petite pour les planches crémeuses ;
- une moyenne pour certaines planches de fromages, mixtes ou des toasts ;
- et une grande planche pour les gros apéros dînatoires.

Les **tailles des planches** sur les recettes sont indicatives, on peut évidemment adapter la présentation à la taille de sa planche, du moment que la surface reste approximativement la même que celle indiquée.

Une **toute petite planche** sera également utile pour les fromages assez coulants, ou simplement pour la faire circuler et faciliter le service.

Les bols

Un **lot de bols de différentes tailles** permet de varier la présentation et d'adapter la contenance à la recette :

- un grand bol pour les tartinades et le houmous ;
- un bol moyen pour les graines de grenade ou les olives par exemple ;
- de petits bols pour le beurre, le sel, la moutarde, etc.

Les couverts

Prévoir aussi des **couteaux à tartiner** ou de **petites cuillères** pour le fromage, les pâtés, les crèmes à tartiner.

LE MATÉRIEL DE CUISINE

Quelques indispensables :

- une **mandoline** pour réaliser de belles tranches fines de légumes ou de fruits ;
- un **mixeur** ou **blender** pour réaliser les dips et les tartinades ;
- un **bon couteau** pour varier les coupes et adapter la taille des éléments à la géométrie de la planche ;
- un **petit verre**, type verre à shot, pour créer des fleurs de tranches de saucisson, coppa, etc. Poser à cheval les tranches sur le bord du verre en les faisant se chevaucher au fur et à mesure jusqu'à remplir le verre. Retourner le verre, le poser sur la planche et le retirer pour voir apparaître la forme de rose.

LES PAINS, CRACKERS & CIE

GROS GRESSINS AUX HERBES
OU AUX GRAINES DE SÉSAME
CRACKERS AUX GRAINES
ET BLÉ COMPLET
GRESSINS FINS
PAIN PITA OU TORTILLAS
CRACKERS À L'HUILE D'OLIVE

LES LÉGUMES À TREMPER

RADIS BOTTE OU GROS RADIS
(NOIR, GREEN MEAT, RED MEAT, BLUE MEAT)

CONCOMBRE

ENDIVES
ET SALADES

TOMATES
CERISES

CAROTTES
MULTICOLORES

LES COMPLÉMENTS

CRÉMEUSES

Des grandes planches comme des dips géants
ou d'étonnantes planches de beurre parfumé à tartiner.

BUTTER BOARD AIL, CITRON, PIMENT

Préparation : 10 minutes
Cuisson : 40 minutes

pour 6 personnes

125 g de beurre doux à température ambiante
1 tête d'ail
6 brins de ciboulette
1 citron
1 pincée de fleur de sel
1 cuillerée à soupe d'huile d'olive
1 pincée de piment en poudre
Sel
1 baguette

Planche 24 × 16 cm

recette

Préchauffer le four à 200 °C. Couper la tête d'ail en deux dans la largeur, arroser d'huile d'olive, saler, la refermer et l'emballer dans un papier cuisson. Enfourner 40 minutes. Ciseler la ciboulette et râper le zeste du citron Récupérer la pulpe des gousses d'ail. La fouetter avec le beurre. Étaler ce beurre sur une planche de service. Assaisonner de fleur de sel et de piment. Parsemer de ciboulette ciselée et de zeste. Servir avec des tranches de baguette.

BUTTER BOARD BEURRE SALÉ, NOIX, FIGUES

Préparation : 5 minutes

pour 6 personnes

125 g de beurre salé à température ambiante
75 g de figues
2 tranches de jambon cru
8 cerneaux de noix

Poivre du moulin
½ baguette

Planche 30 × 18 cm

recette

Étaler le beurre sur une planche de service. Couper les figues en quartiers et le jambon en lamelles. Hacher grossièrement les noix. Parsemer le beurre de figues, de jambon et de noix. Assaisonner de poivre. Servir avec des tranches de baguette.

BUTTER BOARD SARDINES AUX HERBES

Préparation : 10 minutes

pour 6 personnes

1 boîte de sardines au naturel
15 g d'amandes effilées
2 branches de persil
8 brins de ciboulette
1 branche de thym
1 gousse d'ail
125 g de beurre à température ambiante

Fleur de sel
Poivre du moulin
1 baguette
Pain de campagne

Planche 24 × 16 cm

recette

Faire dorer les amandes 5 minutes dans une poêle sur feu moyen. Ciseler finement le persil et la ciboulette, effeuiller le thym. Peler et râper la gousse d'ail. Fouetter le beurre avec le sel, le poivre, les herbes et l'ail. Étaler le beurre sur une planche de service. Couper les sardines en deux et retirer les arêtes. Émincer la chair. Parsemer le beurre de sardines et d'amandes effilées. Servir avec des tranches de baguette et de pain de campagne.

FETA CRÉMEUSE

Préparation : 10 minutes

pour 6 personnes

200 g de feta
10 cl de crème liquide
2 miniconcombres
2 tomates
½ oignon rouge
12 olives

1 cuillerée à soupe d'huile d'olive
1 pincée d'origan
Sel et poivre du moulin
6 pains pita

Planche 30 × 18 cm

recette

Fouetter la feta avec la crème liquide, le sel, le poivre et l'origan. Réserver au frais. Hacher les concombres et les tomates. Peler et émincer finement l'oignon rouge. Étaler la feta sur une planche de service et parsemer de concombres, de tomates et d'oignon. Arroser d'huile d'olive et décorer d'olives. Servir avec les pains pita grillés.

CREAM CHEESE SCANDINAVE

Préparation : 15 minutes

pour 4 personnes

130 g de truite fumée
200 g de St Môret®
1 concombre
¼ d'oignon rouge
3 branches d'aneth
1 pincée de baies roses

Poivre du moulin
Crackers aux graines
Crackers salés

Planche 40 × 30 cm

recette

Couper le concombre en tranches de 3 mm environ. Hacher finement l'oignon rouge. Étaler le cream cheese sur les deux tiers d'une planche. Ranger en haut de la planche les crackers en lignes, puis ajouter 1 ligne de tranches de truite fumée et 2 lignes de tranches de concombre. Assaisonner le cream cheese d'aneth ciselé, de baies roses concassées, d'oignon haché et de poivre. Servir aussitôt.

RICOTTA FOUETTÉE

Préparation : 10 minutes

pour 6 personnes

250 g de ricotta
2 tranches de mortadelle
20 pistaches
12 feuilles de roquette
1 cuillerée à soupe d'huile d'olive

Sel et poivre du moulin
Crackers

Planche ø 30 cm

recette

Fouetter la ricotta avec l'huile d'olive. L'étaler sur une planche. Décortiquer les pistaches et les hacher grossièrement. Déchirer la mortadelle en petits morceaux. Parsemer la ricotta de morceaux de mortadelle, de pistaches hachées et de feuilles de roquette. Arroser d'un filet d'huile d'olive, saler et poivrer. Servir avec des crackers.

YAOURT GREC, HARISSA, PIGNONS

Préparation : 5 minutes
Cuisson : 3 minutes

pour 4 personnes

200 g de yaourt grec
1 cuillerée à soupe de harissa
20 g de pignons de pin
1 branche d'aneth
1 cuillerée à soupe d'huile d'olive
1 pincée de sel
Pain azyme

Planche 30 × 18 cm

recette

Étaler le yaourt grec et la harissa sur une planche. Faire dorer les pignons 3 minutes dans une poêle sur feu doux. Parsemer le yaourt d'aneth ciselé et de pignons. Arroser d'huile d'olive et saler. Servir avec le pain azyme.

FETA FOUETTÉE, TOMATES & OLIVES

Préparation : 10 minutes

pour 4 personnes

70 g de feta
200 g de yaourt grec
6 tomates cerises
4 olives noires dénoyautées
1 cuillerée à café de miel
2 branches de thym
6 feuilles de basilic
2 cuillerées à soupe d'huile d'olive
Sel et poivre du moulin
Crackers à l'huile d'olive

Planche 30 × 18 cm

recette

Réserver 20 g de feta. Fouetter le reste avec le yaourt grec, 1 cuillerée à soupe d'huile d'olive et 1 pincée de poivre. Hacher les tomates cerises et les olives. Étaler la crème de feta sur une planche, parsemer de tomates et d'olives hachées, assaisonner de thym, de sel et de poivre. Arroser de miel et de 1 cuillerée à soupe d'huile d'olive. Parsemer de feuilles de basilic déchirées et du reste de feta émiettée. Servir avec des crackers à l'huile d'olive.

HOUMOUS & POIS CHICHES MARINÉS

Préparation : 10 minutes

pour 4 personnes

250 g de houmous
100 g de pois chiches en conserve, égouttés
2 branches de menthe
2 cébettes
3 petites tomates grappe ou 2 grosses
1 pincée d'origan
1 cuillerée à café de vinaigre balsamique
1 pincée de paprika fumé
2 cuillerées à café d'huile d'olive
Sel et poivre du moulin
Crackers aux graines
Tortilla chips

Planche 30 × 18 cm

recette

Mélanger dans un bol les pois chiches avec l'origan, le vinaigre balsamique, le paprika, l'huile d'olive et le sel. Laver, sécher et effeuiller la menthe ; si les feuilles sont grosses, les ciseler. Émincer les cébettes et couper les tomates grappe en petits dés. Étaler le houmous sur une planche. Parsemer de pois chiches marinés, puis ajouter la menthe, les cébettes et les tomates. Poivrer. Servir avec les crackers et les tortilla chips.

HOUMOUS, GRENADE & FÈVES

Préparation : 15 minutes

pour 4 personnes

250 g de houmous
100 g de fèves surgelées
½ grenade
2 branches de coriandre
4 miniconcombres
1 cuillerée à soupe d'huile d'olive
Fleur de sel
Poivre du moulin
Crackers salés
Gressins

Planche 30 × 18 cm

recette

Faire cuire les fèves dans une casserole d'eau bouillante salée pendant 4 minutes. Égoutter, rincer sous l'eau bien froide et égoutter de nouveau. Déchirer la demi-grenade, l'égrainer dans un grand bol d'eau froide et égoutter. Rincer, sécher et effeuiller la coriandre. Couper les concombres en 4 bâtonnets. Étaler le houmous sur une planche, parsemer de graines de grenade, de fèves et de coriandre. Arroser d'huile d'olive, saler et poivrer. Présenter avec les bâtonnets de concombre, les crackers et les gressins.

TZATZIKI BOARD

Préparation : 5 minutes

pour 6 personnes

180 g de tzatziki
4 olives vertes dénoyautées
4 olives noires dénoyautées
1 cuillerée à soupe d'huile d'olive
1 branche d'aneth

1 pincée de piment de Cayenne
200 g de tomates cerises
Gressins

Planche 24 × 16

recette

Couper les olives en fines tranches. Étaler le tzatziki sur la planche, parsemer de tranches d'olive et d'aneth ciselé, arroser d'huile d'olive et assaisonner de piment. Servir avec les tomates cerises et les gressins.

GUACAMOLE BOARD

Préparation : 5 minutes
Cuisson : 5 minutes

pour 4 personnes

250 g de guacamole
1 cuillerée à soupe de yaourt grec
1 cuillerée à soupe de grains de maïs
¼ de poivron vert
2 branches de coriandre

1 pincée de piment
1 pincée de sel
Tortilla chips

Planche 24 × 16 cm

recette

Faire sauter les grains de maïs 5 minutes dans une poêle très chaude. Hacher finement le poivron, effeuiller la coriandre. Étaler le guacamole sur une planche. Parsemer de yaourt grec, puis de grains de maïs et de poivron haché. Assaisonner de sel, de piment et ajouter les feuilles de coriandre. Servir avec les tortilla chips.

YAOURT GREC & HARICOTS MARINÉS

Préparation : 10 minutes

pour 4 à 6 personnes

300 g de haricots blancs en conserve
150 g de yaourt grec
1 cuillerée à café de purée de piment
1 cuillerée à soupe de sauce tomate
1 gousse d'ail
2 branches de persil

1 cuillerée à soupe d'huile d'olive
Sel et poivre du moulin
½ baguette
Pain pita

Planche 30 × 18 cm

recette

Ciseler finement le persil. Hacher la gousse d'ail. Rincer et égoutter les haricots blancs. Les mélanger avec la sauce tomate, la purée de piment, l'ail haché, le persil, 1 pincée de sel et de poivre. Étaler le yaourt grec sur une planche, étaler dessus la préparation aux haricots blancs. Arroser d'huile d'olive et servir avec le pain pita et des tranches de baguette.

PURÉE PATATES DOUCES & PESTO DE GRAINES

Préparation : 10 minutes
Cuisson : 40 minutes

pour 4 personnes

750 g de patates douces
25 g de graines de courge et de tournesol
12 brins de coriandre
½ tête d'ail
1 branche de thym
50 g de yaourt grec
6 cuillerées à soupe d'huile d'olive
Sel et poivre du moulin
Crackers
Gressins

Planche ø 30 cm

recette

Ranger les patates douces coupées en deux et la demi-tête d'ail sur une plaque de cuisson. Arroser les patates douces de 1 cuillerée à soupe d'huile d'olive, saler et poivrer. Enfourner 40 minutes à 200 °C. Laisser tiédir sur la plaque. Mixer les graines de courge et de tournesol avec la coriandre, 4 cuillerées à soupe d'huile d'olive et 1 pincée de sel. Récupérer la chair de patates douces et écraser les gousses d'ail pour récupérer la pulpe rôtie. Mixer la patate douce et l'ail avec les feuilles de thym et 1 cuillerée à soupe d'huile d'olive. Étaler la purée obtenue sur une planche de service. Parsemer de cuillerées de yaourt et de pesto de graines. Étaler avec le dos d'une cuillère pour créer des motifs. Servir avec des crackers et des gressins.

CRÈME DE PETITS POIS

Préparation : 10 minutes
Cuisson : 10 minutes

pour 4 personnes

200 g de petit pois surgelés
100 g de fromage frais (St Môret®, Philadelphia®)
2 oignons nouveaux
6 radis
Huile d'olive

Sel et poivre du moulin
Bâtonnets feuilletés au fromage et aux graines

Planche 30 × 18 cm

recette

Faire cuire les petits pois 10 minutes dans de l'eau bouillante salée, égoutter et rincer sous l'eau froide. Les mixer avec l'huile d'olive, le fromage frais, du sel, du poivre et 1 oignon nouveau émincé. Émincer finement les radis et le second oignon nouveau. Étaler la crème de petits pois et parsemer de rondelles de radis et d'oignon. Poivrer, arroser de 1 cuillerée à café d'huile d'olive et servir avec les feuilletés au fromage et aux graines.

BABA GANOUSH

Préparation : 10 minutes
Cuisson : 10 minutes

pour 4 personnes

200 g de baba ganoush ou caviar d'aubergine
½ grenade
3 cuillerées à café de zaatar
3 cuillerées à soupe d'huile d'olive
2 branches de menthe

2 pains pita
Sel et poivre du moulin

Planche 30 × 18 cm

recette

Préchauffer le four à 180 °C. Mélanger 2 cuillerées à café de zaatar avec 2 cuillerées à soupe d'huile d'olive, étaler sur les pains pita et enfourner 10 minutes. Étaler le baba ganoush sur une planche, parsemer de 1 cuillerée à soupe de zaatar, de graines de grenade et de feuilles de menthe, arroser d'huile d'olive restante et servir avec les pains pita au zaatar.

FROMAGÈRES & CHARCUTIÈRES

Les planches fromage et/ou charcuterie comme
au bistrot avec un twist en plus ou des associations
inattendues pour les rendre irrésistibles.

MOZZA & LÉGUMES RÔTIS

Préparation : 20 minutes
Cuisson : 30 minutes

pour 6 à 8 personnes

800 g de mozzarella
2 courgettes de 250 g
250 g de tomates cerises
70 g de parmesan fraîchement râpé
1 gousse d'ail
Le jus de ½ citron
2 branches de basilic
3 cuillerées à soupe d'huile d'olive
2 cuillerées à soupe de vinaigre balsamique
1 pincée de sucre
Sel et poivre du moulin
1 baguette

Planche 40 × 30 cm

recette

Réaliser 9 tas de 5-6 cm de diamètre avec 50 g de parmesan râpé sur une plaque. Enfourner 10 minutes à 180 °C. Laisser refroidir sur la plaque. Placer les tomates cerises dans un petit plat à four, arroser de 1 cuillerée à soupe d'huile d'olive et de vinaigre balsamique (garder 1 cuillerée à café), saler et saupoudrer de sucre. Couper 1 courgette en tranches de 5 mm, ranger sur une plaque, arroser de 1 cuillerée à soupe d'huile d'olive, saupoudrer de 20 g de parmesan râpé, saler, poivrer et enfourner avec les tomates 20 minutes à 180 °C. Couper l'autre courgette en fines tranches à l'aide d'une mandoline. Mélanger dans un bol avec ½ gousse d'ail râpée, le jus de citron, 1 cuillerée à café de vinaigre balsamique et les feuilles de 1 branche de basilic ciselées. Saler et poivrer. Couper la baguette en tranches, les faire griller et les frotter avec l'ail restant. Ranger la mozzarella tranchée au centre de la planche, arroser d'huile d'olive restante, saler, poivrer, ranger les différents éléments autour, décorer de feuilles de basilic et servir.

BURRATA, SALAMI PIQUANT, BETTERAVES

Préparation : 15 minutes
Cuisson : 40 minutes

pour 4 personnes

350 g de burrata
24 tranches fines de saucisson italien
(spianata ou salami)
2 betteraves crues
200 g d'anchois marinés
2 poignées de roquette
2 branches de basilic

Fleur de sel
Huile d'olive
1 cuillerée à soupe de vinaigre balsamique
Poivre du moulin
1 baguette

Planche 40 × 30 cm

recette

Préchauffer le four à 200 °C. Peler les betteraves, les couper en quartiers puis chaque quartier en 3 tranches. Placer sur une plaque, arroser d'huile d'olive, de vinaigre balsamique, saler et poivrer. Enfourner 40 minutes et laisser tiédir. Couper la moitié de la baguette en tranches et les faire griller. Couper la burrata en deux ou en quatre et la ranger au centre de la planche. Placer autour les betteraves rôties et un petit pot de fleur de sel à proximité. Former des fleurs avec les tranches de saucisson et les ranger de part et d'autre puis ranger les anchois marinés. Couper l'autre moitié de baguette en tranches et ranger sur la planche à l'opposé des tranches de baguette grillées. Décorer de roquette et de feuilles de basilic.

STRACCIATELLA AUTOMNALE

Préparation : 20 minutes
Cuisson : 20 minutes

pour 4 personnes

1 courge butternut de 750 g
600 g de patates douces
1 endive carmine
250 g de stracciatella
4 branches de thym
4 branches de persil

12 noisettes
8 tranches de pain complet
Huile d'olive
Sel et poivre du moulin

Planche 40 × 30 cm

recette

Préchauffer le four à 200 °C. Peler les patates douces et les couper en cubes de 3 cm. Couper la courge en deux, retirer les graines, la peler et la couper en tranches de 2 cm. Ranger les patates douces et la courge sur une plaque, saler, poivrer, parsemer de feuilles de thym, arroser d'huile d'olive et enfourner 20 minutes. Laisser tiédir. Couper les tranches de pain en triangles. Effeuiller l'endive. Disposer sur une planche 1 rangée de dés de patate douce, 1 rangée de courge en laissant un peu d'espace entre les deux, 1 rangée de tranches de pain et 1 rangée de feuilles d'endive. Recommencer avec 1 rangée de patate douce, etc. Remplir l'espace entre la courge et la patate douce de stracciatella. Hacher les noisettes et parsemer sur la stracciatella. Arroser de 2 cuillerées à soupe d'huile d'olive, saler, poivrer, décorer de feuilles de persil et servir aussitôt.

CAMEMBERTS RÔTIS

Préparation : 10 minutes
Cuisson : 30 minutes

pour 6 personnes

2 petits camemberts de 150 g
2 branches de thym
50 g de bacon grillé
3 branches de céleri
1 botte de radis, nettoyés
1 oignon
1 gousse d'ail
2 cuillerées à soupe de sucre
1 cuillerée à café de graines de coriandre
1 verre de vin blanc
1 cuillerée à café d'huile de cuisson
Sel et poivre du moulin
Huile d'olive
Pain de campagne

Planche 34 × 34 cm

recette

Peler et couper l'ail en lamelles. Réaliser 2 fentes au couteau sur 1 camembert et y insérer les lamelles d'ail. Enfourner les 2 camemberts 20 à 25 minutes à 200 °C. Couper le pain en tartines. Badigeonner la moitié du pain d'huile d'olive et parsemer de feuilles de thym. Enfourner à côté des camemberts 5 minutes avant la fin de la cuisson. Faire revenir l'oignon émincé et les graines de coriandre avec l'huile de cuisson dans une casserole sur feu moyen, en remuant régulièrement, jusqu'à ce que l'oignon soit translucide. Ajouter le sucre, mélanger et laisser cuire pour caraméliser. Lorsque le caramel est brun, ajouter le vin, saler, poivrer et laisser cuire sur feu doux environ 15 minutes pour que le mélange réduise et que le vin s'évapore. Couper le céleri en bâtonnets. Poser les camemberts au centre de la planche et le bol d'oignons confits à côté. Ranger autour le céleri, les radis, les tartines de pain et les tranches de bacon. Servir aussitôt.

COULOMMIERS AROMATISÉS

Préparation : 15 minutes
Repos : 12 heures minimum

pour 8 à 12 personnes

2 coulommiers
100 g de mascarpone
5 abricots secs
12 pistaches
12 noisettes
1 citron
1 échalote
1 petite truffe (10 à 15 g)
2 branches de persil
Sel et poivre du moulin
½ baguette
Crackers

Pour servir
Abricots secs
Pistaches
Noisettes

Planche 40 × 24 cm

recette

Hacher finement 5 abricots secs, 12 pistaches et 12 noisettes. Ciseler finement le persil et l'échalote, et râper le zeste du citron. Râper finement la truffe. Mélanger le mascarpone avec du sel et du poivre. Séparer le mélange en deux. Dans une partie, ajouter la truffe et mélanger. Dans l'autre partie, ajouter les abricots, les pistaches et les noisettes hachés, le persil et le zeste de citron, puis mélanger. Couper les 2 coulommiers dans l'épaisseur. Tartiner les parties du bas de chaque mélange, refermer avec la partie haute, emballer dans leurs papiers et ranger dans leurs boîtes. Laisser reposer minimum 12 heures au frais avant de déguster, l'idéal étant de laisser reposer 3 jours. Sortir du réfrigérateur 1 heure avant de servir. Ranger sur une planche avec du pain, des crackers, des abricots secs, des pistaches et des noisettes.

CHEESEBALLS

Préparation : 30 minutes
Repos : 1 heure

pour 10 à 12 personnes

450 g de cream cheese
200 g de chèvre frais
150 g de comté râpé
50 g de ricotta
75 g de parmesan râpé
1 cuillerée à soupe de pesto
1 branche de basilic
50 g de cranberries
50 g de noix de pécan
100 g de cacahuètes grillées salées
50 g de tomates séchées
50 g de pignons de pin
2 tranches de bacon grillé
12 olives noires dénoyautées
Sel et poivre du moulin
Crackers et gressins

Planche 34 × 34 cm

recette

Mélanger dans 3 bols séparés : 100 g de cream cheese + 100 g de chèvre frais + 100 g de comté râpé + 25 g de cranberries hachées / 100 g de chèvre frais + 150 g de cream cheese + 50 g de parmesan râpé + le pesto + les feuilles de basilic hachées / 200 g de cream cheese + la ricotta + 50 g de comté râpé + 25 g de parmesan râpé + le bacon haché.

Saler et poivrer. Enfermer chaque mélange dans du film alimentaire pour former une boule et laisser reposer 1 heure minimum au frais. Retirer les films. Rouler la boule aux cranberries dans les noix de pécan et le reste de cranberries hachées. Rouler celle au bacon dans les cacahuètes. Rouler celle au pesto dans les olives et les tomates séchées hachées mélangées aux pignons. Emballer de nouveau dans du film et réserver au frais. Servir avec les crackers et les gressins.

FROMAGES & FRUITS SECS ÉPICÉS

Préparation : 10 minutes
Cuisson : 25 minutes

pour 6 à 8 personnes

1 bûche de chèvre cendré
1 morceau de fourme d'Ambert
1 morceau de cantal
150 g de fromage tête-de-moine
2 grappes de raisin noir
3 grappes de raisin blanc
150 g de mélange de fruits à coque (noisettes, amandes, noix)
2 cuillerées à soupe de sirop d'érable

1 cuillerée à café d'huile d'olive
1 pincée de piment en poudre
1 pincée de cannelle
1 gousse de cardamome
2 pincées de fleur de sel
Pain aux graines

Planche ø 40 cm

recette

Mélanger dans un bol les fruits secs avec le sirop d'érable, l'huile d'olive, le piment, la cannelle, la cardamome écrasée et la fleur de sel. Étaler sur une plaque couverte de papier cuisson et enfourner 25 minutes à 180 °C. Laisser refroidir. Poser les fromages sur la planche et ranger autour les grappes de raisin, le pain et les fruits secs aux épices. Servir à température ambiante.

FROMAGES & BEURRE PARFUMÉ

Préparation : 10 minutes

pour 6 à 8 personnes

½ camembert
1 morceau de roquefort
1 morceau de comté
2 crottins de chèvre
3 cuillerées à soupe de confiture de figues
100 g de pâte de coings
15 dattes
50 g de cerneaux de noix
50 g de noisettes
15 g de raisins secs
50 g de beurre doux à température ambiante
Le zeste de ½ citron
Sel et poivre du moulin
1 baguette
Crackers aux graines

Planche 40 × 24 cm

recette

Fouetter le beurre avec le zeste de citron, les raisins secs, le sel et le poivre. Remplir un petit pot de ce beurre assaisonné. Ranger sur la planche les fromages puis le beurre, la confiture, les noix et les noisettes. Disposer autour les dattes la pâte de coings coupée en cubes, la baguette tranchée et les crackers. Servir aussitôt.

CHARCUTERIE & CRACKERS AU THYM

Préparation : 20 minutes
Repos : 30 minutes minimum
Cuisson : 15 minutes

pour 6 à 8 personnes

8 tranches de jambon cuit
8 tranches de jambon cru
1 saucisse sèche
200 g de houmous
½ fenouil
12 cornichons
200 g de lupins en saumure
1 cuillerée à café d'origan
2 branches de thym
80 g de mimolette

135 g de farine
1 blanc d'œuf
35 g de beurre salé mou
2 cuillerées à soupe d'huile d'olive
Sel et poivre du moulin
½ baguette
Chips de légumes

Planche 40 × 24 cm

recette

Râper la mimolette. La mélanger avec la farine, le beurre coupé en dés, le thym effeuillé et 6 cl d'eau. Pétrir pour obtenir une consistance homogène. Rouler en boudin de 20 cm de long et réserver au frais minimum 30 minutes. Rincer les lupins et les mélanger avec l'huile d'olive et l'origan dans un bol. Couper le boudin de pâte en rondelles de 1 cm. Badigeonner la surface de blanc d'œuf. Ranger sur une plaque de cuisson et enfourner 15 minutes à 180 °C. Laisser refroidir sur une grille. Couper le fenouil en bâtonnets. Couper la saucisse sèche en tranches fines. Poser les bols de houmous et de lupins marinés sur la planche. Ranger autour les chips de légumes, les tranches de jambon, le fenouil coupé, les crackers maison, les tranches de saucisson, les cornichons et la baguette coupée en tranches. Servir aussitôt.

FOIE GRAS

Préparation : 10 minutes
Préparation : 30 minutes

pour 6 à 8 personnes

250 g de pommes de terre grenailles
200 g de foie gras
90 g de tranches de magret de canard séché
4 tranches de pains d'épices
2 petites trévises
1 quartier de grenade égrainé
1 poire
2 rocamadours
50 g de noix de pécan
10 abricots secs

1 morceau de gorgonzola
1 gousse d'ail
1 cuillerée à soupe de crème de vinaigre balsamique
2 cuillerées à soupe d'huile d'olive
2 branches de thym
Sel et poivre du moulin
½ baguette
Crackers

Planche 30 cm de diamètre

recette

Mélanger les pommes de terre avec l'huile d'olive, la gousse d'ail hachée, une pincée de sel, du poivre du moulin et le thym effeuillé. Enfourner 30 minutes à 180 °C. Peler et hacher la poire. Mélanger dans un bol avec les graines de grenade, la crème de vinaigre balsamique et une pincée de poivre noir moulu. Étaler les tranches de magret séché en deux rangées en les superposant dans le sens de la longueur pour créer des bandes. Rouler ces bandes pour obtenir des rosaces. Effeuiller la trévise. Toaster les tranches de pain d'épices. Disposer le bloc de foie gras au centre de la planche et poser à côté le bol de condiment poire-grenade. Ranger autour les feuilles de trévise, les rocamadours, les rosaces de magret, les abricots, les noix de pécan, le gorgonzola, la baguette tranchée, le pain d'épices et les pommes de terre rôties. Servir aussitôt.

CHARCUTERIE ITALIENNE

Préparation : 20 minutes
Cuisson : 5 minutes

pour 6 à 8 personnes

200 g de mortadelle
6 tranches de jambon de Parme
10 tranches de salami
8 tranches de chorizo piquant
12 tranches de coppa
25 g de roquette
40 g de parmesan
40 g d'amandes
1 boule de mozzarella de 150 g
250 g de tomates cerises
6 tomates séchées

100 g d'olives noires
12 grosses câpres
1 gousse d'ail
1 pincée d'origan
2 branches de basilic
6 cuillerées à soupe d'huile d'olive
Sel et poivre du moulin
2 grandes tranches de pain de campagne

Planche 40 × 30 cm

recette

Mixer la roquette avec le parmesan haché, 1 branche de basilic, les amandes, l'ail, 4 cuillerées à soupe d'huile d'olive, saler et poivrer. Réserver dans un bol. Couper les tranches de mortadelle en deux, puis rouler chaque moitié pour en faire un cornet. Ranger ces cornets dans un bol, pointe vers le bas pour créer un bouquet. Couper la mozzarella en quatre. Poser les morceaux sur les tranches de pain, arroser de 2 cuillerées à soupe d'huile d'olive, saler, poivrer, parsemer d'origan et enfourner 5 minutes sous le gril du four. Poser au centre de la planche le bol de mortadelle, le pesto et les câpres. Ranger harmonieusement autour le reste de charcuterie, les tomates cerises, les tomates séchées, les olives et les tartines de mozzarella. Décorer de feuilles de basilic avant de servir.

LA MIXTE CLASSIQUE

Préparation : 15 minutes

pour 6 à 8 personnes

24 tranches de rosette
6 tranches de jambon cru
1 tranche de pâté de campagne
1 morceau de roquefort
1 morceau de comté
1 chèvrefeuille
20 cornichons
4 branches de persil

¼ d'oignon rouge
1 cuillerée à café de vinaigre balsamique
50 g de beurre doux à température ambiante
1 cuillerée à café de câpres
Baguette
Pain complet

Planche 45 × 37 cm

75

recette

Fouetter le beurre avec les câpres égouttées. Réserver au frais dans un petit bol. Hacher finement 2 cornichons. Mélanger les cornichons hachés avec le persil ciselé, l'oignon haché et le vinaigre balsamique. Ranger sur la planche le bol de beurre et celui de salsa cornichon. Disposer autour les tranches de jambon et de rosette, le pâté puis les fromages. Ajouter les tranches de baguette et de pain complet ainsi que les cornichons. Servir aussitôt.

CHARCUTERIE, FIGUES & AMANDES RÔTIES

Préparation : 20 minutes
Cuisson : 25 minutes

pour 6 à 8 personnes

8 tranches jambon de Parme
24 tranches de lomo ou de coppa
18 tranches de rosette
250 g de figues
1 botte de radis de couleur
2 cuillerées à soupe de sirop d'érable
Le zeste de ½ citron

150 g d'amandes
20 g de beurre salé
1 cuillerée à café d'huile d'olive
Fleur de sel
½ baguette

Planche 40 × 30 cm

recette

Mélanger les amandes avec l'huile d'olive, le zeste de citron, 1 pincée de fleur de sel et le sirop d'érable. Étaler sur une plaque couverte de papier cuisson et enfourner 25 minutes à 180 °C. Couper les figues en deux, retirer la radicelle et les feuilles des radis. Couper la baguette en tranches et tartiner la moitié des tranches de beurre. Ranger harmonieusement les éléments sur la planche en créant une forme d'arc-en-ciel. Servir aussitôt.

MIXTE FRENCHIE

Préparation : 15 minutes

pour 6 personnes

24 tranches de rosette
150 g de chiffonnade de jambon blanc
1 saucisson sec
1 pointe de brie
1 morceau de comté
200 g de fromage de chèvre frais
15 dattes
1 oignon nouveau ou cébette
8 brins de ciboulette
1 cuillerée à café de cumin
1 cuillerée à soupe d'huile d'olive
Sel et poivre du moulin
Crackers aux graines
Crackers salés

Planche 50 × 32 cm

recette

Rincer, sécher et ciseler la ciboulette. Émincer la cébette dans la longueur. Couper le fromage de chèvre frais en quatre. Mettre 3 parts dans un petit bol, assaisonner de cumin, de ciboulette, saler et poivrer. Fendre les dattes et les farcir du fromage de chèvre restant. Placer le bol de chèvre mariné au centre, arroser d'huile d'olive et ranger les différents éléments autour.

MIXTE & PICKLES DE RADIS

Préparation : 10 minutes
Cuisson : 5 minutes
Repos : 24 heures

pour 8 personnes

1 bûche de chèvre cendré
½ reblochon
1 morceau de tomme de brebis
150 g de chorizo
8 tranches de jambon cru
1 tranche de pâté de campagne
1 botte de radis
20 cl de vinaigre de cidre
1 branche de romarin
1 feuille de laurier
2 cuillerées à soupe de sucre
½ cuillerée à café de graines de coriandre
½ cuillerée à café de graines de moutarde
Pain complet aux fruits secs
1 baguette coupée en tranches

Planche 40 × 24 cm

recette

Laver et équeuter les radis. Les mettre dans un bocal. Verser le vinaigre et 45 cl d'eau dans une casserole, ajouter le laurier, la branche de romarin, le sucre, les graines de coriandre et de moutarde, porter à ébullition et verser le tout sur les radis dans le bocal. Laisser refroidir et mariner minimum 24 heures avant de les manger. Mettre les pickles de radis dans un bol au centre de la planche. Ranger autour les différents fromages, la charcuterie et les pains. Servir à température ambiante.

MIXTE & CHUTNEY DE POIRES

Préparation : 15 minutes
Cuisson : 30 minutes

pour 6 à 8 personnes

Chutney de poire
2 poires
2 gousses de cardamome
1 pincée de graines de coriandre
2 cuillerées à soupe de cassonade
6 cuillerées à soupe de vinaigre de vin
2 étoiles de badiane
1 pincée de piment en poudre
2 gousses d'ail
1 bâton de cannelle
1 pincée de cumin
15 cl d'eau

Garniture
8 tranches de jambon cru
15 tranches de magret séché
1 morceau de rillettes
1 morceau de gorgonzola
1 morceau de mimolette
1 morceau de saint-nectaire
2 branches de céleri
1 kaki
50 g de noix
30 g de beurre
Baguette

Planche 40 × 24 cm

recette

Couper les poires en tout petits dés. Écraser les gousses de cardamome et les graines de coriandre. Faire caraméliser la cassonade dans une casserole sur feu moyen. Ajouter les dés de poire, l'ail haché et le vinaigre, et mélanger. Ajouter toutes les épices, mélanger et laisser cuire 15 minutes à feu doux, à couvert. Retirer le couvercle, ajouter l'eau, mélanger et laisser cuire encore 15 minutes à feu doux. Laisser tiédir, verser dans un bol puis laisser refroidir. Couper les branches de céleri en bâtonnets et le kaki en tranches. Ranger sur la planche le bol de chutney de poires et disposer autour les fromages et les charcuteries puis les tranches de kaki, les bâtonnets de céleri, le beurre et les noix. Servir aussitôt.

MULTIFROMAGES & CRÈME AUX NOIX

Préparation : 10 minutes

pour 4 à 6 personnes

1 morceau de tomme de chèvre
1 saint-marcellin
1 morceau de bleu de Bresse
1 douzaine de kumquats
100 g de myrtilles
250 g de mascarpone
100 g de noix

1 cuillerée à soupe de vinaigre balsamique
5 cl d'eau
Sel et poivre du moulin
Crackers au cumin
Pain complet aux graines

Planche ø 30 cm

recette

Mixer le mascarpone avec 40 g de noix, le vinaigre balsamique, l'eau, le sel et le poivre. Verser dans un bol et le placer au centre d'une planche de service. Ranger les différents éléments autour avant de servir.

IBÉRIQUE

Préparation : 20 minutes
Cuisson : 25 minutes

pour 6 personnes

Haricots marinés
400 g de haricots blancs en conserve
½ oignon rouge
1 piment rouge
2 branches de persil
1 branche de thym
Le jus de ½ citron
1 cuillerée à soupe d'huile d'olive
Sel

Tortilla
4 œufs
150 g de pommes de terre cuites
1 oignon doux
10 cl d'huile de cuisson
Sel et poivre du moulin

Garniture
1 morceau de manchego
1 morceau d'ossau-Iraty
80 g de tranches de jambon bellota ou pata negra
100 g de tranches de jambon serrano
200 g de tranches de lomo
1 gousse d'ail
2 tomates
1 baguette

Planche ø 40 cm

recette

Mélanger les haricots rincés avec le thym effeuillé, le jus de citron, l'oignon rouge haché, le persil ciselé, le piment épépiné et haché, l'huile d'olive et le sel. Réserver au frais. Pour la tortilla, faire chauffer l'huile dans une poêle sur feu moyen et faire dorer les pommes de terre coupées en dés et l'oignon haché finement pendant 10 minutes sur feu doux. Jeter l'excédent d'huile. Verser les œufs battus avec le sel et le poivre, et laisser cuire 10 minutes à feu doux. Lorsque l'omelette est figée mais encore un peu baveuse dessus, la faire glisser dans une assiette et la retourner dans la poêle. Laisser cuire encore 1 minute. Faire glisser dans une assiette et laisser tiédir. Couper la baguette en tranches et passer la moitié 5 minutes sous le gril du four, frotter la surface avec la gousse d'ail pelée puis avec une tomate coupée en deux. Couper l'autre tomate en quartiers. Couper le manchego en lamelles. Ranger sur la planche le bol de haricots marinés et les fromages. Disposer autour les charcuteries, les tranches de pan con tomate et les quartiers de tomate. Couper la tortilla en cubes et les ranger sur la planche. Servir aussitôt avec le reste de baguette.

MIXTE & CRÈME DE COURGETTE

Préparation : 15 minutes
Cuisson : 20 minutes

pour 6 à 8 personnes

1 saint-marcellin
1 morceau de comté
1 pot de cancoillotte
100 g de St Môret®
300 g de pommes de terre grenailles
70 g de viande des Grisons
150 g de jambon blanc aux herbes
1 courgette (250 g)

1 branche de menthe
Sel et poivre du moulin
1 cuillerée à soupe d'huile d'olive
1 baguette
20 gressins

Planche 40 × 24 cm

recette

Préchauffer le four à 180 °C. Couper la courgette en rondelles de 1 cm d'épaisseur. Ranger sur une plaque de cuisson, arroser d'huile d'olive, saler, poivrer et enfourner 20 minutes. Pendant ce temps, faire cuire les pommes de terre 20 minutes à la vapeur. Mixer la courgette cuite avec le St Môret® et les feuilles de menthe. Verser dans un bol et réserver au frais. Couper les tranches de jambon en deux et les rouler autour des gressins. Ranger les différents éléments sur la planche avant de servir.

ARC-EN-CIEL

Les planches stars de l'apéro avec leurs présentations harmonieuses comme des tableaux à déposer au centre de la table pour épater les invités.

HOUMOUS 3 COULEURS

Préparation : 40 minutes
Cuisson : 30 minutes

pour 8 à 10 personnes

500 g de houmous
250 g de patate douce
150 g de betterave cuite
¼ de chou rouge
1 radis blue meat
1 poivron jaune
1 petite endive carmine
1 endive blanche
1 chou-rave
1 gros radis rouge (radis chinois)
250 g de chou-fleur blanc
250 g de chou-fleur violet
3 champignons de Paris
2 carottes violettes
3 carottes orange
1 carotte blanche
2 cuillerées à soupe d'huile d'olive
Sel et poivre du moulin

Planche 45 × 37 cm

recette

Couper la patate douce en deux, la poser dans un plat et enfourner 30 minutes à 200 °C. Couper le chou rouge en lamelles. Couper les choux-fleurs en fleurettes. Effeuiller les endives. Couper les champignons de Paris en tranches fines. Peler les radis et le chou-rave, et les émincer à l'aide d'une mandoline. Peler les carottes et les couper en bâtonnets. Couper le poivron en bâtonnets. Récupérer la chair de la patate douce rôtie et la mixer avec 100 g de houmous, 1 cuillerée à soupe d'huile d'olive, du sel et du poivre. Verser dans un bol. Mixer la betterave cuite avec 200 g de houmous, 1 cuillerée à soupe d'huile d'olive, du sel et du poivre. Verser dans un bol. Verser le reste de houmous dans un troisième bol et les ranger au centre de la planche. Ranger autour les légumes coupés et effeuillés en formant un arc-en-ciel. Servir aussitôt.

ARC-EN-CIEL D'HIVER

Préparation : 45 minutes
Cuisson : 30 minutes

pour 8 personnes

150 g de cream cheese
250 g de yaourt grec
150 g de thon en miettes à l'huile d'olive
1 gros poireau
1 fenouil
1 brocoli
¼ de chou-fleur
2 radis red meat
1 radis green meat
1 radis noir
1 gros radis rouge (radis chinois)
300 g de betterave crapaudine cuite
1 betterave chioggia
400 g de pommes de terre roses
2 carottes blanches
6 gros champignons de Paris
3 branches de menthe
1 citron
1 pincée de raifort
1 cuillerée à soupe d'huile d'olive
Sel et poivre du moulin

Planche 50 × 32 cm

recette

Couper le brocoli et le chou-fleur en fleurettes. Couper le blanc du poireau en tronçons de 3 cm. Cuire le brocoli 10 minutes à l'eau bouillante salée, rincer sous l'eau froide et laisser tiédir. Cuire les pommes de terre à la vapeur 30 minutes et les poireaux 20 minutes. Réserver. Peler la betterave chioggia et la crapaudine cuite. Réserver 20 g de betterave cuite. Trancher finement les radis, les champignons, les betteraves, le fenouil et les carottes à la mandoline. Mixer les 20 g de betterave cuite avec 150 g de yaourt grec, le raifort, du sel et du poivre. Mixer le thon et son huile avec 25 g de yaourt et 75 g de cream cheese, la moitié du jus de citron, du sel et du poivre. Mixer 75 g de yaourt grec avec 75 g de cream cheese, les feuilles de menthe, un filet d'huile d'olive, le jus et le zeste râpé de la moitié du citron, du sel et du poivre. Verser les sauces dans des bols et les poser sur une planche. Ranger harmonieusement autour les tranches et les morceaux de légumes.

ARC-EN-CIEL D'AUTOMNE

Préparation : 30 minutes
Cuisson : 40 minutes

pour 6 à 8 personnes

2 carottes orange
2 carottes violettes
1 carotte jaune
1 carotte blanche
2 patates douces (longues si possible, 200 g chacune environ)
¼ de chou-fleur (200 g)
1 tête d'ail
1 endive banche
2 endives carmine
150 g de yaourt grec

Le zeste et le jus de ½ citron
300 g de pois chiches en conserve
2 cuillerées à soupe de sirop d'érable
5 cuillerées à soupe d'huile d'olive + 2 cuillerées à café
2 branches de thym
2 cuillerées à café de cumin
Sel et poivre du moulin

Planche 40 × 30 cm

recette

Couper les carottes orange et les patates douces pelées en tranches de 2 cm. Les mélanger avec 2 cuillerées à soupe d'huile d'olive, le sirop d'érable, le thym effeuillé, du sel et du poivre. Mélanger les fleurettes de chou-fleur avec 1 cuillerée à soupe d'huile d'olive, le cumin et 1 pincée de sel. Rincer et égoutter les pois chiches et les mélanger avec 1 cuillerée à café d'huile d'olive, 1 pincée de sel et 1 pincée de cumin. Arroser la tête d'ail, coupée en deux dans la largeur, de 1 cuillerée à café d'huile d'olive, refermer et l'emballer dans du papier cuisson. Ranger les patates douces et les carottes sur une plaque ; les fleurettes, les pois chiches et la tête d'ail sur une autre. Enfourner les plaques 20 minutes à 200 °C en chaleur tournante. Remettre la tête d'ail à cuire seule encore 20 minutes. Effeuiller les endives, couper les carottes restantes en bâtonnets. Retirer les gousses d'ail de l'enveloppe, presser pour récupérer la pulpe de la moitié des gousses et l'écraser avec le yaourt grec. Mélanger avec le zeste et le jus de citron, 1 cuillerée à soupe d'huile d'olive, du sel et du poivre. Verser dans un bol et le placer au centre d'une planche. Ranger autour les patates douces et les carottes cuites puis les autres légumes. Placer les gousses d'ail cuites entières entre l'endive blanche et les fleurettes.

FRUITS DE MER

Préparation : 25 minutes
Cuisson : 10 minutes

pour 6 à 8 personnes

12 huîtres
300 g de crevettes grises cuites
500 g de crevettes roses cuites
1 litre de moules
1 échalote
10 g de gingembre
1 citron
Le jus et le zeste de 1 citron vert
6 cuillerées à soupe de vinaigre de vin
2 cuillerées à soupe de sauce soja

60 g de beurre salé à température ambiante
1 jaune d'œuf
1 cuillerée à café de moutarde
10 cl d'huile de tournesol
1 verre de vin blanc (12 cl)
1 pincée de sel et poivre du moulin
Pain de seigle

Planche 45 × 37 cm

recette

Peler et hacher l'échalote et le gingembre. Râper les zestes du citron et du citron vert. Mélanger dans un bol le vinaigre et la moitié de l'échalote ; dans un autre, la sauce soja, le gingembre râpé et la moitié du jus de citron vert. Fouetter 50 g de beurre avec le zeste de citron et le ranger dans un petit bol. Réserver au frais. Mélanger le jaune d'œuf avec la moutarde, saler, poivrer et fouetter en ajoutant petit à petit l'huile de tournesol en mince filet pour obtenir une mayonnaise ferme. Mélanger avec 1 cuillerée à soupe de jus de citron vert et le zeste. Réserver au frais. Faire fondre le beurre restant dans une cocotte sur feu moyen, ajouter l'échalote restante. Laisser cuire 3 minutes puis verser les moules, mélanger, arroser de vin blanc et laisser cuire 4 minutes à couvert. Ouvrir les huîtres, ranger les éléments sur une planche de service et servir aussitôt.

ROULEAUX DE PRINTEMPS

Préparation : 1 heure
Cuisson : 45 minutes

pour 6 personnes

18 feuilles de riz pour nems
250 g d'aiguillettes de poulet
9 crevettes coupées en deux dans la longueur
150 g de carottes râpées
½ mangue
150 g de chou rouge râpé
1 concombre en bâtonnets de 10 cm
1 poignée de jeunes pousses d'épinard
150 g de chou chinois émincé finement
100 g de grains de maïs pour pop-corn
100 g de cacahuètes grillées salées
2 citrons verts
6 brins de ciboulette
3 branches de menthe
6 branches de coriandre
40 g de sucre
20 g de sirop d'érable
1 cuillerée à café de nuoc-mâm
1 cuillerée à café de purée de piment
3 cuillerées à soupe d'huile de cuisson
1 cuillerée à café de bicarbonate de soude

Sauce pour rouleaux de printemps
1 citron vert
2 cuillerées à café de beurre de cacahuète
1 cuillerée à café de sauce soja
1 cuillerée à café de sirop d'érable

Planche ø 40 cm

recette

Pour le pop-corn, faire chauffer 2 cuillerées à soupe d'huile dans une casserole sur feu vif, ajouter les grains de maïs, mélanger, baisser sur feu moyen, couvrir et laisser les grains éclater. Remuer la casserole de temps en temps jusqu'à ne plus entendre d'éclatements. Mélanger dans un saladier avec 80 g de cacahuètes. Mélanger dans une casserole le jus de 1 citron vert, le nuoc-mâm, le sucre, 20 g de sirop d'érable et la purée de piment. Laisser cuire 5 minutes. Hors du feu, ajouter le bicarbonate, fouetter et verser sur le pop-corn. Mélanger et étaler sur une plaque couverte de papier cuisson. Enfourner 45 minutes à 120 °C. Faire cuire les aiguillettes de poulet 3 minutes de chaque côté dans une poêle avec 1 cuillerée à café d'huile. Préparer les rouleaux un par un : mouiller une feuille de riz sous l'eau tiède et étaler la feuille sur un torchon propre humide. Ranger la garniture sur une bande de 12 × 4 cm. Faire 6 nems avec les garnitures suivantes : 3 demi-crevettes, chou chinois, carotte, mangue, concombre, cacahuètes restantes et menthe ; chou rouge, carotte, concombre, mangue, menthe ; poulet, chou rouge, carotte, pousses d'épinard, cacahuète, ciboulette. Rabattre les extrémités de la feuille de riz puis rouler la feuille comme un cigare en serrant bien. Les couper en 3 tronçons. Mélanger le beurre de cacahuète avec le jus et le zeste du citron vert, la sauce soja et le sirop d'érable. Poser les 2 bols de sauce sur une planche, ranger autour les rouleaux de printemps et le pop-corn. Parsemer le pop-corn de zeste de citron vert râpé et de coriandre. Servir avec 1 citron vert coupé en quartiers.

PLANCHE GREEN

Préparation : 45 minutes
Cuisson : 20 minutes

pour 8 à 10 personnes

1 pomme granny smith coupée en tranches fines
1 avocat pelé et coupé en huit
250 g de petit pois surgelés
150 g de haricots verts
1 brocoli
1 poivron vert coupé en lamelles
3 petites endives effeuillées
1 sucrine coupée en quartiers
1 grosse poignée de mâche
4 tomates vertes coupées en quartiers
1 concombre coupé en lamelles
3 branches de céleri coupées en bâtonnets
1 branche de menthe
200 g de guacamole
1 cuillerée à soupe de pesto
250 g de yaourt grec
Le jus de 1 citron
1 oignon nouveau
2 cuillerées à soupe d'huile d'olive
Sel et poivre du moulin

Planche 45 × 37 cm

recette

Arroser les tranches de pomme et d'avocat de la moitié du jus de citron. Faire bouillir 3 casseroles d'eau salée. Faire cuire les petits pois 5 minutes dans la première. Dans la seconde, faire cuire les haricots verts pendant 15 minutes. Dans la dernière, faire cuire les fleurettes de brocoli 10 minutes. Égoutter à la fin de chaque cuisson et laisser refroidir dans un bol d'eau glacée. Mélanger le pesto avec 150 g de yaourt grec et 1 cuillerée à soupe d'huile d'olive. Mixer 50 g de petits pois avec 100 g de yaourt grec, l'oignon nouveau émincé, les feuilles de menthe et 1 cuillerée à soupe d'huile d'olive, le reste de jus de citron, 1 pincée de sel et de poivre. Verser le guacamole, le mélange au pesto et la crème de petits pois dans 3 bols. Les placer au centre d'une planche et ranger harmonieusement les légumes autour.

CHOU-FLEUR RÔTI

Préparation : 20 minutes
Cuisson : 20 minutes

pour 4 personnes

Le chou-fleur
1 chou-fleur de 1 kg
1 cuillerée à café de zaatar
1 cuillerée à café de graines de cumin
1 cuillerée à café de paprika fumé
4 cuillerées à soupe d'olive
Sel et poivre du moulin

La crème aux poireaux
150 g de chèvre frais
1 gros poireau
1 cuillerée à café d'huile d'olive
Le jus de ¼ citron vert
Sel et poivre du moulin

La sauce tahini
40 g de tahini
Le jus de ¼ citron vert
2 cl d'eau
Sel

La salsa de grenade
½ grenade égrainée
½ oignon rouge émincé finement
10 g de gingembre pelé et haché
1 cuillerée à soupe d'huile d'olive
Le jus de ½ citron
4 branches de coriandre, ciselée
Sel

Pour servir
4 pains pita
Quartiers de citron vert

Planche 40 × 24 cm

recette

Retirer les premières feuilles du poireau si elles sont abîmées et couper une partie du vert. Couper le blanc en 3 tronçons. Mélanger le chou-fleur coupé en fleurettes dans un bol avec le zaatar, le cumin, le paprika fumé, le sel, le poivre et l'huile d'olive. Ranger sur une plaque, laisser un petit espace libre et ranger les tronçons de poireau. Enfourner 20 minutes à 200 °C. Mélanger le tahini avec le jus de citron vert, l'eau et le sel. Réserver au frais. Mélanger les graines de grenade avec le gingembre, l'oignon, la coriandre, l'huile d'olive, le jus de citron et le sel. Mixer le fromage de chèvre avec le poireau, l'huile d'olive, le jus de citron vert, du sel et du poivre. Ranger la crème aux poireaux, la sauce tahini et la salsa de grenade sur une planche. Disposer à côté les fleurettes de chou-fleur et le pain pita. Décorer de quartiers de citron vert et de coriandre fraîche.

BUTTERNUT RÔTI & SAUMON FUMÉ

Préparation : 20 minutes
Cuisson : 20 minutes

pour 6 personnes

1 courge butternut de 600 g
300 g de cœur de saumon fumé
½ grenade
250 g de mascarpone
1 citron
4 branches d'aneth
1 petite échalote pelée
½ c cuillerée à café de graines de moutarde
½ cuillerée à café de graines de coriandre
1 cuillerée à café de sirop d'érable
1 cuillerée à soupe d'huile d'olive
Sel et poivre du moulin
Biscottes Wasa®

Planche 40 × 30 cm

recette

Peler la courge butternut, la couper en deux, retirer les graines et couper en gros dés. Mélanger avec du sel, du poivre, le sirop d'érable et de l'huile d'olive. Ranger sur une plaque, enfourner 20 minutes à 180 °C. Couper le saumon en tranches de 1 cm. Égrainer la grenade. Couper le citron en deux, presser une moitié, couper l'autre moitié en tranches. Mixer le mascarpone avec les graines de coriandre et de moutarde, l'échalote, le jus de citron, du sel et du poivre. Placer en rang sur une planche : les dés de courge rôtis, le saumon, les graines de grenade, la crème au mascarpone, les tranches de citron et les biscottes Wasa®. Décorer d'aneth ciselé avant de servir.

PLANCHE AÏOLI

Préparation : 40 minutes
Cuisson : 45 minutes

pour 6 à 8 personnes

1 dos de cabillaud de 400 g
6 grosses crevettes
12 bulots cuits
400 g de pommes de terre rattes
3 carottes
¼ de chou-fleur
250 g de haricots verts
3 artichauts poivrades
8 radis
2 oignons doux
4 œufs
2 branches de persil
2 branches de thym
2 feuilles de laurier
4 gousses d'ail
1 cuillerée à café de moutarde
1 cuillerée à soupe d'huile d'olive
20 cl d'huile de tournesol
1 cuillerée à soupe de gros sel
Sel et poivre du moulin
1 baguette

Planche 40 × 30 cm

recette

Peler et presser les gousses d'ail. Hacher finement le persil. Mélanger 1 jaune d'1 œuf avec l'ail pressé et la moutarde. Fouetter vivement en ajoutant l'huile de tournesol en filet afin d'émulsionner la mayonnaise. Lorsqu'elle est bien dense, saler, poivrer et mélanger avec le persil haché. Cuire les œufs 7 à 8 minutes selon la taille dans une casserole d'eau bouillante. Rincer, tapoter pour fendiller la coquille et les plonger dans un bol d'eau froide pour les laisser refroidir. Faire bouillir une casserole d'eau salée avec le gros sel, le thym et les feuilles de laurier. Baisser la cuisson pour que l'eau frémisse tout juste et plonger le dos de cabillaud entier. Laisser cuire 3 minutes puis arrêter la cuisson, laisser à couvert pendant 15 minutes puis réserver dans une passoire. Cuire à la vapeur les pommes de terre pendant 30 minutes, le chou-fleur coupé en fleurettes, les haricots verts, les carottes coupées en tronçons de 4 cm et les têtes d'artichauts pendant 15 minutes. Couper la baguette en gros croûtons et arroser d'huile d'olive. Placer sur une plaque de cuisson et enfourner 5 minutes sous le gril du four. Placer le bol d'aïoli au centre de la planche. Ranger autour les légumes cuits, les oignons coupés en quatre dans la longueur, les radis lavés et effeuillés, les œufs écalés, les crevettes, les bulots, le pain grillé et le poisson grossièrement effiloché.

COBB SALADE

Préparation : 25 minutes
Cuisson : 15 minutes

pour 6 à 8 personnes

2 blancs de poulet de 150 g chacun
10 tranches de poitrine fumée
3 œufs
2 avocats
200 g de tomates cerises
50 g de feta
1 citron
1 petite salade romaine
1 gousse d'ail
1 oignon rouge
2 branches de persil
1 cuillerée à soupe de sirop d'érable
Sel et poivre du moulin
1 cuillerée à café de moutarde
1 cuillerée à café de vinaigre balsamique
3 cuillerées à soupe d'huile d'olive
½ baguette

Planche ø 40 cm

recette

Étaler les tranches de poitrine fumée sur une plaque, les badigeonner de sirop d'érable. Enfourner 10 à 15 minutes à 200 °C. Plonger les œufs dans une casserole d'eau bouillante et laisser cuire 7 à 8 minutes. Laisser refroidir dans de l'eau froide. Faire cuire les filets de poulet avec 1 cuillerée à soupe d'huile dans une poêle sur feu vif 4 minutes de chaque côté. Hors du feu, couvrir la poêle et laisser tiédir. Mélanger la moutarde avec le jus de ½ citron, le reste d'huile d'olive, le vinaigre balsamique, du sel et du poivre. Couper le pain en tranches, les faire griller, les gratter avec la gousse d'ail et les couper en gros croûtons. Poser le bol de vinaigrette au centre d'une planche, ranger autour les feuilles de laitue lavées, les filets de poulet coupés en tranches de 1 cm, les tomates coupées en deux, les avocats en tranches, les œufs écalés et coupés en deux, l'oignon coupé en rondelles, les croûtons, le bacon grillé et le reste de citron coupé en quartiers. Parsemer de feta émiettée et de persil ciselé avant de servir.

POULET GRILLÉ & FETA

Préparation : 20 minutes
Cuisson : 10 minutes

pour 6 personnes

250 g de filets de poulet
200 g de feta
1 poivron vert
1 poivron couleur
250 g de tomates cerises
50 g de pousses d'épinard
150 g de yaourt grec

1 pincée d'origan
2 cuillerées à soupe d'huile d'olive
Sel et poivre du moulin
½ baguette coupée en tranches

Planche 40 × 30 cm

recette

Fouetter 100 g de feta avec le yaourt grec, l'origan, du sel, du poivre et 1 cuillerée à soupe d'huile d'olive. Réserver dans un bol au frais. Faire cuire les filets de poulet avec 1 cuillerée à soupe d'huile dans une poêle sur feu vif 4 minutes de chaque côté. Hors du feu, couvrir la poêle et laisser tiédir. Couper les poivrons en lamelles. Poser dans le coin de la planche le bol de yaourt à la feta. Ranger autour les lamelles de poivron, puis le poulet coupé en tranches et assaisonné de sel et de poivre, les tomates cerises, les pousses d'épinard et les tranches de baguette. Émietter le reste de feta sur les épinards et servir aussitôt.

TATAKI DE THON

Préparation : 15 minutes
Cuisson : 10 minutes

pour 4 personnes

300 g de pavé de thon rouge
1 kiwi
1 botte d'asperges
200 g de betteraves cuites
1 petit oignon rouge
1 citron vert coupé en deux
2 branches de coriandre + pour servir
1 cuillerée à soupe de purée de sésame
1 cuillerée à café de graines de sésame

2 cuillerées à soupe d'huile d'olive
1 cuillerée à soupe d'huile de cuisson
3 cuillerées à soupe de sauce soja + 1 cuillerée à café
1 grosse poignée de mâche lavée
Sel et poivre du moulin
4 pains pita

Planche 34 × 34 cm

recette

Faire chauffer l'huile de cuisson dans une poêle sur feu moyen. Cuire le pavé de thon, 30 secondes de chaque côté, poser dans une assiette et badigeonner de 2 cuillerées à soupe de sauce soja. Laisser mariner. Presser une moitié de citron vert. Peler et hacher finement le kiwi et l'oignon rouge. Ciseler la coriandre. Dans un bol mélanger le kiwi, l'oignon, 1 cuillerée à soupe d'huile d'olive, la moitié du jus de citron vert, la cuillerée à café de sauce soja et la coriandre ciselée. Cuire les asperges 10 minutes à la vapeur. Couper les betteraves en dés, mélanger avec le reste de jus de citron vert, 1 cuillerée à soupe d'huile d'olive, la purée de sésame, saler et poivrer. Mettre dans un bol et parsemer de graines de sésame. Mettre le bol de betteraves, la salsa de kiwi et 1 petit bol avec le reste de sauce soja au centre d'une planche. Couper le thon en lamelles. Les ranger sur la planche. Ranger autour des bols les feuilles de mâche, des branches de coriandre, les asperges, les pains pita coupés en deux et le citron vert restant coupé en quartiers. Servir aussitôt.

BŒUF GRILLÉ

Préparation : 20 minutes
Cuisson : 12 minutes
Repos : 10 minutes

pour 6 personnes

600 g de pavé de rumsteck à température ambiante
1 morceau de bleu de Bresse
150 g d'olives noires
200 g de tomates cerises
250 g de pois gourmands
50 g de roquette
2 salades trévise
2 branches de thym
1 gousse d'ail
4 cuillerées à soupe d'huile d'olive
2 cuillerées à soupe de moutarde à l'ancienne
1 pincée de gros sel
Sel et poivre du moulin
2 grandes tranches de pain de campagne

Planche 32 × 50 cm

recette

Faire cuire les pois gourmands dans de l'eau bouillante salée pendant 5 minutes. Égoutter et rincer sous l'eau froide. Badigeonner les tranches de pain d'huile d'olive, parsemer de thym et les faire griller sous le gril du four. Faire chauffer une grande poêle sur feu vif avec l'huile d'olive, du thym et la gousse d'ail écrasée. Poser la viande et laisser cuire 4 minutes en l'arrosant d'huile de cuisson. Retourner la viande et la laisser cuire 2 minutes de plus. Pour une cuisson à point, laisser cuire 2 minutes de plus d'un côté et 1 minute de plus de l'autre. Emballer la viande 10 minutes dans un papier cuisson. Réserver le jus de cuisson. Couper la viande en tranches et les ranger sur la planche. Disposer autour les tranches de pain grillé, les pois gourmands, la trévise coupée en quartiers, la moutarde, la roquette, le fromage coupé en morceaux, les olives et les tomates. Servir aussitôt.

POULPES, MOULES & SAINT-JACQUES

Préparation : 40 minutes
Cuisson : 20 minutes

pour 6 personnes

150 de petits poulpes cuits sous vide
1 litre de moules
6 coquilles Saint-Jacques préparées par le poissonnier (noix à part et coquilles nettoyées)
200 g de pois gourmands
1 quartier de grenade égrainée
50 g de chorizo
1 tomate
20 g de gingembre
1 gousse d'ail
1 échalote
1 oignon nouveau
Le jus et le zeste de 1 citron
Le jus et le zeste de 1 citron vert
2 branches de persil
15 cl de vin blanc
70 g de beurre salé
2 cuillerées à soupe d'huile d'olive + 1 cuillerée à café
Sel et poivre du moulin
4 tranches de pain de campagne

Planche 50 × 32 cm

recette

Peler le gingembre et l'ail, les hacher finement. Mélanger la tomate et l'oignon hachés, la moitié de l'ail, le gingembre, 1 branche de persil ciselée, 1 cuillerée à café d'huile d'olive, 1 pincée de sel et de poivre, et le jus et zeste du citron vert. Réserver au frais. Cuire les pois gourmands 5 minutes dans de l'eau bouillante salée. Rincer sous l'eau froide. Hacher l'échalote et le chorizo. Ciseler 1 branche de persil. Faire fondre 20 g de beurre avec 1 cuillerée à soupe d'huile d'olive dans une cocotte sur feu moyen. Ajouter l'échalote et le chorizo et laisser cuire 3 minutes. Ajouter les moules et mélanger. Verser le vin blanc, couvrir et laisser cuire 3 minutes. Arrêter la cuisson, mélanger avec la moitié du persil ciselé et réserver au chaud, à couvert. Faire chauffer 1 cuillerée à soupe d'huile d'olive dans une poêle sur feu vif, ajouter les poulpes et l'autre moitié de l'ail haché, et faire sauter 1 minute. Saler et réserver. Beurrer le pain de 20 g de beurre et passer 5 minutes sous le gril du four. Couper en tartines. Ranger sur la planche le bol de salsa de tomate, le pain grillé au beurre, les moules sans le jus, les pois gourmands, les poulpes sautés et les coquilles vides. Faire mousser 30 g de beurre dans une poêle sur feu moyen. Cuire les noix de saint-jacques 20 secondes de chaque côté. Les poser sur les coquilles. Ajouter dans la poêle le jus et le zeste de citron, le reste de persil ciselé et les graines de grenade, mélanger et verser sur les noix dans les coquilles. Servir aussitôt, décoré de persil.

TARTINES & PIZZAS

Les planches ludiques pour créer ses tartines sur-mesure
ou les déguster chaudes ou froides à croquer ou à tremper.

MINIPIZZAS AU CHÈVRE & DIP AUX OLIVES

Préparation : 20 minutes
Cuisson : 20 minutes

pour 4 personnes

1 boule de pâte à pizza surgelée
90 g de bûchette de chèvre
150 g de St Môret®
2 cuillerées à café de miel
100 g de tapenade
2 branches de basilic
150 g de branches de céleri
100 g de noisettes
150 g d'olives noires de Kalamata
250 g de tomates cerises
4 branches de thym
3 cuillerées à soupe d'huile d'olive
Sel et poivre du moulin

Planche 30 × 24 cm

recette

Étaler la pâte à pizza. Couper 16 disques à l'aide d'un emporte-pièce ou d'un petit verre. Couper 16 tranches de bûche de chèvre. Ranger les disques de pâte sur une plaque, étaler dessus ½ cuillerée à café de St Môret® et poser les disques de chèvre. Arroser de miel, de 1 cuillerée à soupe d'huile d'olive, parsemer de la moitié des feuilles de thym, saler et poivrer. Disposer les chutes de pâte sur une autre plaque, arroser d'huile d'olive, parsemer du reste de thym, saler et poivrer. Enfourner les 2 plaques 15 minutes à 200 °C. Mixer le reste de St Môret® avec la tapenade, 1 branche de basilic et 1 cuillerée à soupe d'huile d'olive. Réserver au frais. Couper les branches de céleri en bâtonnets. Ranger sur la planche la crème de tapenade, les noisettes et les olives. Disposer autour les tomates cerises, les bâtonnets de céleri, les minipizzas et les chutes de pâte à pizza en forme de crackers. Décorer de feuilles de basilic.

TACOS

Préparation : 30 minutes
Cuisson : 7 minutes

pour 8 personnes

300 g de bœuf haché
6 tomates cerises
½ poivron vert
¼ de chou rouge
½ concombre
8 radis
6 tranches de bacon grillé
1 sucrine
1 piment rouge
150 g de maïs en conserve
Pickles d'épis de maïs
200 g de guacamole
100 g de feta

2 citrons verts
1 cuillerée à soupe d'huile de cuisson
1 gousse d'ail
1 pincée d'origan
1 pincée de cumin
1 oignon rouge
3 branches de coriandre
1 cuillerée à café de sauce piquante
Sel et poivre du moulin
Tortillas

Planche ø 40 cm

recette

Hacher les tomates cerises, le quart de l'oignon rouge et les queues de coriandre. Mélanger dans un bol avec la sauce piquante et le jus de ½ citron vert. Réserver au frais. Hacher ½ oignon rouge et la gousse d'ail. Faire chauffer l'huile de cuisson dans une poêle sur feu vif. Ajouter l'oignon rouge haché, le cumin, l'origan et l'ail. Laisser cuire 3 minutes et ajouter la viande hachée. Laisser cuire 4 minutes en remuant puis arrêter la cuisson. Saler, poivrer et verser dans un bol. Émincer le chou rouge et le reste d'oignon. Couper le concombre en bâtonnets et les radis en lamelles à l'aide d'une mandoline. Couper le piment en rondelles. Poser sur la planche les bols de salsa, la viande hachée, la feta émiettée, le poivron haché grossièrement, le maïs et le guacamole. Ranger autour les tortillas, les pickles de maïs, le chou rouge, l'oignon, le concombre, la sucrine coupée en quartiers, les radis, le bacon et le reste de citron vert coupé en quartiers. Décorer avec les feuilles de coriandre avant de servir.

CROQUE-MONSIEUR CHEESY

Préparation : 20 minutes
Cuisson : 15 minutes

pour 8 personnes

18 tranches de pain de mie
100 g de chiffonnade de jambon blanc
3 tranches de jambon cru
6 tranches de cheddar
½ poire
9 feuilles de salade trévise
150 g de comté râpé
100 g de morbier
400 g de crème fraîche épaisse
100 g de beurre
2 branches de thym
1 filet d'huile de cuisson
Roquette
Pousses d'épinard
Tomates cerises
Sel et poivre du moulin

Planche 40 × 24 cm

recette

Tartiner toutes les tranches de pain de crème épaisse, saler et poivrer.
Sur 3 tranches, poser 1 tranche de cheddar, parsemer chacune de jambon blanc, couvrir d'une autre tranche de cheddar et refermer avec une tranche de pain côté crème vers l'intérieur. Réserver. Sur 3 autres tranches, poser 1 cuillerée à soupe de comté râpé, parsemer de feuilles de thym, ajouter 1 tranche de jambon cru, 3 feuilles de trévise et refermer avec une tranche de pain, côté crème vers l'intérieur. Réserver. Peler et couper la demi-poire en 9 lamelles. Sur chacune des 3 dernières tranches, poser 1 cuillerée à soupe de comté râpé, ajouter un tiers du morbier, 3 lamelles de poire et refermer avec une tranche de pain, côté crème vers l'intérieur. Réserver.
Couper le beurre en trois, faire fondre un morceau avec un petit peu d'huile dans une poêle sur feu moyen, cuire 3 croques, 2 minutes de chaque côté pour qu'ils soient dorés, et réserver. Répéter l'opération pour les autres croques. Les ranger sur une plaque et cuire 5 minutes au four à 200 °C. Les servir coupés en deux sur une planche tapissée de roquette et de pousses d'épinard, et décorer de tomates cerises.

CROSTINIS AUBERGINE MOZZA THON & POIVRON

Préparation : 20 minutes
Cuisson : 15 minutes

pour 4 à 6 personnes

30 g de mozzarella
50 g de caviar d'aubergine
30 g de filets de thon
30 g de St Môret®
50 g de mascarpone
1 petit poivron rouge (100 g)
20 grosses câpres

1 poignée de roquette
1 branche de basilic
Huile d'olive
Sel et poivre du moulin
1 baguette

Planche 36 × 20 cm

129

recette

Couper la baguette en tranches de 1 cm puis chaque tranche en deux (au total, il y aura une soixantaine de tranches). Les faire légèrement griller. Ranger sur une planche en commençant par les bords et en plaçant la partie coupée vers l'extérieur pour créer un motif. Hacher le poivron, étaler sur une plaque de cuisson, arroser d'huile d'olive, saler, poivrer et enfourner 15 minutes à 200 °C. Étaler le caviar d'aubergine sur un tiers des tranches de baguette, ajouter 1 morceau de mozzarella et 1 feuille de basilic. Sur un autre tiers des tranches, étaler le St Môret®, ajouter 1 morceau de thon et 1 grosse câpre. Mixer le poivron grillé avec le mascarpone. Étaler sur le dernier tiers des tranches de baguette et décorer de 1 feuille de roquette. Réserver au frais avant de servir.

PLANCHE DOUBLE PIZZA

Préparation : 20 minutes
Cuisson : 15 minutes

pour 6 à 8 personnes

2 pâtes à pizza
2 cuillerées à soupe de mascarpone
2 cuillerées à soupe de sauce tomate
4 tranches de jambon cuit en chiffonnade
4 tranches de jambon cru
150 g de billes de mozzarella
6 filets d'anchois à l'huile
100 g de tomates cerises
12 olives noires
20 g de parmesan coupé en copeaux
150 g de gorgonzola
3 branches de basilic
2 pincées d'origan
1 pincée de piment en flocons (pepperoncini)
1 poignée de roquette
6 cuillerées à soupe d'huile d'olive
Sel et poivre du moulin

Planche ø 40 cm

recette

Étaler les pâtes à pizza. Étaler sur l'une le mascarpone et sur l'autre la sauce tomate. Saupoudrer les deux d'origan, saler, poivrer et enfourner 15 minutes à 200 °C. Mixer 2 cuillerées à soupe d'huile d'olive avec 1 branche de basilic et 1 pincée de sel et de poivre. Mélanger les billes de mozzarella avec cette huile verte. Faire chauffer 2 cuillerées à soupe d'huile d'olive dans une casserole jusqu'à ébullition et verser cette huile dans un petit bol avec les flocons de piment. Poser sur une planche des bols avec l'huile piquante, les olives et la mozzarella à l'huile de basilic. Sortir les pizzas du four, les arroser de 2 cuillerées à soupe d'huile d'olive et les couper en 8 parts. Les ranger sur la planche à côté des bols. Ajouter la roquette, le gorgonzola, les tomates cerises coupées en deux, les tranches de jambon, le parmesan et les filets d'anchois. Décorer de basilic avant de servir.

MOUILLETTES, DIPS & ŒUFS À LA COQUE

Préparation : 20 minutes
Cuisson : 5 minutes

pour 4 personnes

Crème de betterave
80 g de mascarpone
80 g de betterave cuite
2 branches d'aneth
1 cuillerée à soupe d'huile d'olive
Sel et poivre du moulin

Crème de menthe
150 g de yaourt grec
2 branches de menthe
1 petite gousse d'ail pelée
1 cuillerée à soupe d'huile d'olive
Sel et poivre du moulin

Crème de coriandre
150 g de yaourt grec
½ cuillerée à café de cumin
½ cuillerée à café de graines de coriandre
2 branches de coriandre fraîche
½ oignon rouge
1 cuillerée à soupe d'huile d'olive
Sel et poivre du moulin

Garniture
4 œufs
100 g de jambon blanc
20 g de beurre
½ baguette
4 grandes tranches de pain complet au levain

Planche ø 30 cm

recette

Pour les dips, mixer tous les ingrédients de chaque préparation et réserver au frais. Tartiner les tranches de pain de beurre et poser dessus les tranches de jambon blanc. Couper les tartines en mouillettes. Couper la baguette en mouillettes et les passer 5 minutes sous le gril du four à 220 °C. Ranger les dips sur une planche, poser autour 4 coquetiers et entourer des différentes mouillettes. Décorer les dips d'aneth, de menthe fraîche et de graines de cumin. Faire cuire les œufs dans l'eau bouillante 4 minutes à 4 min 30 selon leur grosseur. Poser les œufs dans les coquetiers après avoir écalé leurs chapeaux et servir aussitôt.

DUO DE TARTINES FRUITS & FROMAGES

Préparation : 15 minutes
Cuisson : 10 minutes

pour 6 à 8 personnes

1 camembert
1 pointe de brie
8 cuillerées à café de confiture de figues
1 pomme
4 figues
1 poignée de pousses d'épinard

20 g de beurre
Poivre du moulin
8 tranches de pain complet aux céréales ou pain noir

Planche 40 × 24 cm

recette

Couper la pomme en quartiers puis chaque quartier en tranches. Tartiner les tranches de pain de beurre. Couvrir 4 tranches de pain de lamelles de pomme. Enfourner 10 minutes à 200 °C. Tartiner les autres tranches de pain de confiture de figues. Couper les figues en quartiers. Couper le camembert en 16 parts. Couper le brie en 16 morceaux. Couper les tartines en carrés et les ranger sur une planche en damier. Poser 1 morceau de camembert sur les tartines aux pommes, poser 1 pousse d'épinard, 1 morceau de brie et 1 morceau de figue sur les tartines à la confiture. Poivrer et servir aussitôt.

TARTINES THON MAYO & TRUITE CONCOMBRE

Préparation : 25 minutes

pour 6 à 8 personnes

100 g de miettes de thon
120 g de truite fumée
½ branche de céleri
½ concombre (100 g)
1 pomme granny-smith
60 g de fromage frais
40 g de mayonnaise
1 cuillerée à soupe de câpres

1 branche d'aneth
1 cuillerée à café de baies roses
1 cuillerée à café de cranberries séchées
Sel et poivre du moulin
8 petites tranches de pain de mie

Planche 40 × 30 cm

recette

Hacher finement la branche de céleri. Mélanger les miettes de thon égouttées avec le céleri et la mayonnaise. Couper le concombre en très fines tranches à l'aide d'une mandoline. Couper la pomme en deux dans la hauteur, retirer le cœur et couper les demi-pommes en fines lamelles à l'aide de la mandoline. Étaler la mayonnaise au thon sur 4 tranches de pain et ranger dessus 4 lamelles de pomme en les superposant. Étaler le fromage frais sur les 4 autres tranches et ranger dessus les rondelles de concombre. Couper chaque tartine en triangles et les ranger sur la planche en les alternant de façon à créer un damier. Ajouter sur les triangles de thon-mayo-pomme des câpres et des cranberries hachées et poivrer. Ajouter sur les triangles de concombre un morceau de truite fumée, une pluche d'aneth et des baies roses. Placer au frais avant de servir.

TARTINES POIRES, PESTO & FROMAGE

Préparation : 30 minutes
Cuisson : 3 minutes

pour 8 personnes

1 morceau de gorgonzola
1 morceau de comté
1 pointe de brie
30 g de pousses d'épinard
10 g de pignon
4 cuillerées à café de pesto
½ poire

4 cuillerées à café de crème épaisse
4 cuillerées à café d'huile d'olive
12 cerneaux de noix
Sel et poivre du moulin
8 tranches de pain de campagne

Planche 40 × 30 cm

139

recette

Couper les tranches de pain en deux dans la longueur. Tartiner 4 tranches de crème épaisse et 4 tranches de pesto, arroser les 4 dernières de 2 cuillerées à café d'huile d'olive. Faire griller les pignons à la poêle 3 minutes sur feu vif sans cesser de remuer pour ne pas les brûler. Couper la poire et le comté en fines lamelles. Les ranger sur les tartines à la crème en les chevauchant. Assaisonner de poivre. Couper le brie en tranches et les ranger sur les tartines au pesto. Parsemer de cerneaux de noix. Couper le gorgonzola en tranches dans la longueur. Poser 2 ou 3 pousses d'épinard sur les tartines à l'huile d'olive, ajouter 1 tranche de gorgonzola et parsemer de pignons grillés. Arroser du reste d'huile d'olive et assaisonner de sel. Ranger les tartines harmonieusement sur la planche avant de servir. Ces tartines peuvent passer sous le gril du four 3 minutes avant d'être servies.

TARTINES CHAUDES & FROIDES

Préparation : 10 minutes
Cuisson : 10 minutes

pour 4 à 8 personnes

1 fromage de chèvre crémeux
1 petite courgette de 150 g
6 tranches de poitrine fumée
3 cuillerées à soupe de pesto
40 g de crème épaisse
100 g de fromage frais
20 g de cerneaux de noix
1 branche de menthe
1 branche de romarin
2 cuillerées à soupe d'huile d'olive
Sel et poivre du moulin
6 grandes tranches de pain de campagne

Planche ø 40 cm

recette

Tartiner 3 tranches de pain de crème épaisse et les 3 autres de fromage frais, saler et poivrer. Étaler le pesto sur celles au fromage frais et les parsemer de noix hachées et de feuilles de menthe ciselées. Réserver au frais. Couper la courgette en fines lamelles à l'aide d'une mandoline. Ranger sur les 3 autres tartines les lamelles de courgette, parsemer de feuilles de romarin et couvrir chaque tartine de 2 tranches de poitrine fumée. Arroser de 1 cuillerée à soupe d'huile d'olive et enfourner 5 à 7 minutes sous le gril du four. Sortir les tartines, couper le fromage de chèvre en 8 ou 9 morceaux et les ranger sur les tartines. Enfourner encore 3 minutes. Arroser les tartines froides de 1 cuillerée à soupe d'huile d'olive. Couper les 6 tartines en deux ou en trois selon leur grandeur et les ranger sur une planche. Servir aussitôt.

TARTINES CHAUDES AU FROMAGE & CRUDITÉS

Préparation : 20 minutes
Cuisson: 5 minutes

pour 8 personnes

6 grandes tranches de pain de campagne
1 pointe de brie
75 g de gorgonzola au mascarpone
100 g de comté
1 fromage de chèvre crémeux (type cabécou ou pélardon)
200 g de mascarpone ou crème épaisse
3 branches de céleri
3 carottes
1 endive carmine
1 endive blanche
1 sucrine
100 g de pois gourmands
100 g de myrtilles
1 branche de romarin
1 branche de thym
1 cuillerée à soupe d'huile d'olive
Sel et poivre du moulin

Planche 50 × 32 cm

recette

Cuire les pois gourmands 5 minutes dans de l'eau bouillante salée, rincer sous l'eau froide et réserver dans une passoire. Effeuiller les endives et la sucrine. Couper les carottes et les branches de céleri en bâtonnets. Couper les tranches de pain en deux parties inégales. Couper juste l'entame des 2 dernières tranches. Commencer par ranger les tartines sur la planche en les chevauchant afin de choisir le dessin désiré. Ranger les légumes au-dessus des tartines en gardant une place pour les myrtilles que l'on placera au dernier moment. Retirer les tartines de la planche et les ranger dans l'ordre du dessin sur une plaque. Les tartiner de mascarpone ou de crème épaisse, saler et poser par paires en gardant un équilibre de répartition : des tranches de brie avec des feuilles de romarin ; du gorgonzola au mascarpone assaisonné de poivre moulu ; du comté tranché assaisonné de poivre moulu ; des morceaux de fromage de chèvre avec des feuilles de thym, arrosés d'huile d'olive. Enfourner 5 minutes sous le gril du four et repositionner les tartines à leur place sur la planche. Ajouter les myrtilles et servir aussitôt.

PAIN D'ÉPICE AUX 2 RILLETTES

Préparation : 15 minutes

pour 6 à 8 personnes

1 morceau de rillettes (porc, oie ou canard)
150 g de filets de maquereau fumés au poivre
150 g de chiffonnade de jambon blanc
150 g de fromage frais
1 petite botte de radis
80 g de beurre salé
2 branches de persil
6 brins de ciboulette

1 morceau de comté
Le jus et le zeste de 1 citron
Sel et poivre du moulin
8 tranches de pain d'épice
Tranches de pain de seigle

Planche 40 × 30 cm

recette

Ciseler finement le persil et la ciboulette. Retirer la peau des maquereaux et écraser la chair à la fourchette avec le jus et le zeste de citron, le fromage frais, 1 pincée de sel et la moitié du persil. Réserver au frais dans un bol. Fouetter le beurre avec le reste de persil, la ciboulette et 1 grosse pincée de poivre. Mettre dans un petit bol. Poser sur la planche les bols de rillettes de maquereau et de beurre aux herbes. Ranger autour les rillettes de viande, le comté, la chiffonnade de jambon, les radis, le pain d'épice et le pain de seigle. Servir aussitôt.

HOT DOG

Préparation : 15 minutes
Cuisson : 20 minutes

pour 4 personnes

4 saucisses knacks ou de Francfort
4 pains à hot dog
2 épis de maïs
250 g de tomates cerises
35 g de feta
2 cornichons malossol
1 gousse d'ail
1 pincée de piment
2 branches de coriandre
2 branches d'aneth

Oignons frits
Moutarde douce
Mayonnaise
Ketchup
5 cl d'huile de tournesol
1 cuillerée à soupe d'huile d'olive
Sel et poivre du moulin

Planche 34 × 34 cm

recette

Couper les épis de maïs en 4 tronçons. Les badigeonner d'huile d'olive, assaisonner de sel et de poivre. Enfourner 20 minutes à 180 °C. Hacher la moitié des tomates et la gousse d'ail. Mélanger dans un bol avec le piment et 1 pincée de sel. Faire chauffer l'huile de tournesol jusqu'à ébullition et la verser dans le bol. Mélanger. Plonger les saucisses dans une casserole d'eau, porter à frémissement et laisser cuire 5 minutes. Placer les pots de ketchup, mayonnaise, moutarde, salsa pimentée, oignons frits et feta émiettée sur la planche. Ranger autour les saucisses, les pains, les épis de maïs, les tomates restantes et les cornichons hachés. Ajouter les herbes avant de servir.

BOULETTES & BROCHETTES

Parfaites pour l'apéro à déguster avec les doigts
ou bien pour un déjeuner ou un dîner convivial.

BROCHETTES DE POULET GRILLÉ

Préparation : 15 minutes
Cuisson : 30 minutes

pour 4 à 6 personnes

500 g de pommes de terre grenailles
300 g de filets de poulet
1 échalote
50 g de jeunes pousses épinard
100 g de St Morêt®
1 cuillerée à soupe de moutarde à l'ancienne
2 branches d'aneth
6 brins de ciboulette

150 de yaourt grec
1 cuillerée à café de harissa
5 cuillerées à soupe d'huile d'olive
Sel et poivre du moulin
8 tranches de pain complet

Planche 40 × 30 cm

recette

Faire chauffer 1 cuillerée à soupe d'huile d'olive dans une poêle sur feu moyen. Poser les filets de poulet assaisonnés de sel et de poivre bien à plat et laisser cuire 6 minutes. Les retourner et laisser cuire encore 3 minutes. Arrêter la cuisson, couvrir et réserver. Cuire les pommes de terre 20 minutes à la vapeur. Couper les filets de poulet tièdes en gros dés. Mixer 100 g des morceaux les moins jolis avec l'échalote. Mélanger avec le fromage frais, la moutarde et 1 cuillerée à soupe d'huile d'olive. Réserver au frais dans un bol. Ciseler l'aneth et la ciboulette. Mélanger avec le yaourt grec, le sel, le poivre et 1 cuillerée à soupe d'huile d'olive. Réserver dans un bol au frais. Mélanger la harissa et 2 cuillerées à soupe d'huile d'olive. Réserver dans un petit bol. Piquer les pousses d'épinard et les dés de poulet sur des piques à brochette. Ranger les bols de rillettes de poulet, de crème aux herbes et d'huile à la harissa sur une planche. Disposer les brochettes, les pommes de terre tièdes et le pain tranché autour. Servir aussitôt.

BROCHETTES CHAMPIGNONS & POULET RÔTI

Préparation : 15 minutes
Cuisson : 20 minutes

pour 6 personnes

6 aiguillettes de poulet
200 g de champignons de Paris
4 carottes de couleur
1 grosse poignée de pousses d'épinard
200 g de tomates cerises
50 g d'olives vertes et noires
1 oignon rouge
1 gousse d'ail
1 branche de romarin
150 g de houmous
20 g de parmesan
3 cuillerées à soupe d'huile d'olive
Sel et poivre du moulin
½ baguette

Planche 40 × 24 cm

recette

Couper les carottes en bâtonnets. Peler et couper l'oignon en quartiers puis chaque quartier en deux et détacher les lamelles. Brosser les champignons, retirer la partie basse du pied si elle est abîmée. Piquer les oignons et les champignons sur les brochettes en les alternant. Mélanger l'huile d'olive avec l'ail haché. Ranger sur une plaque de cuisson les bâtonnets de carotte, les brochettes et les aiguillettes de poulet. Arroser le tout d'huile à l'ail, saler et poivrer. Saupoudrer les aiguillettes de parmesan et parsemer de feuilles de romarin. Enfourner 20 minutes à 200 °C. Retirer le poulet au bout de 10 minutes et réserver au chaud emballé dans du papier cuisson. Remplacer le poulet sur la plaque par la baguette tranchée pour finir la cuisson. Ranger sur une planche le bol de houmous et le bol d'olives, disposer autour les brochettes, les pousses d'épinard avec les aiguillettes de poulet, les carottes rôties, les tomates cerises et le pain grillé. Servir aussitôt.

BROCHETTES DE TOFU AU CURRY

Préparation : 20 minutes
Cuisson : 25 minutes

pour 4 à 6 personnes

400 g de tofu nature coupé en cubes
400 g de patates douces
1 chou romanesco
1 poignée de jeunes pousses d'épinard
1 pomme coupée en lamelles
1 orange
1 oignon rouge
1 cuillerée à soupe de jus de citron
150 g de yaourt grec
1 cuillerée à soupe de pâte de curry
1 cuillerée à soupe de graines de sésame
2 cuillerées à soupe d'huile d'olive
Sel et poivre du moulin
4 tortillas

Planche 34 × 34 cm

recette

Dans un bol, mélanger les cubes de tofu avec la pâte de curry, les graines de sésame, 1 cuillerée à soupe d'huile d'olive et 1 pincée de sel. Peler et couper l'oignon rouge en 8 quartiers, détacher les lamelles. Piquer les cubes de tofu et les lamelles d'oignon sur des brochettes. Peler et couper les patates douces en dés. Mélanger avec 1 cuillerée à soupe d'huile d'olive, saler et poivrer. Étaler les patates douces sur une plaque, ranger les brochettes à côté. Enfourner 25 minutes à 200 °C. Couper le chou romanesco en fleurettes, les cuire 20 minutes à la vapeur. Râper le quart du zeste de l'orange et couper l'orange en quatre. Presser un quartier, mélanger dans un bol avec le jus de citron, le yaourt grec, le zeste râpé, du sel et du poivre. Poser au centre d'une planche la sauce au yaourt grec. Ranger autour les différents éléments et le reste d'orange coupée en tranches.

HALLOUMI GRILLÉ AU MIEL

Préparation : 15 minutes
Cuisson : 10 minutes

pour 6 à 8 personnes

400 g de halloumi
150 g de yaourt grec
250 g de tomates cerises
1 concombre
1 poignée de roquette
1 poignée de pousses d'épinard
1 branche de menthe
1 branche de thym
2 cuillerées à café de curry
1 cuillerée à café de miel
1 gousse d'ail
3 cuillerées à soupe d'huile d'olive
Sel et poivre du moulin
Pains pita

Planche 40 × 30 cm

157

recette

Couper le halloumi en 12 tranches. Les piquer sur des brochettes. Mélanger 2 cuillerées à soupe d'huile d'olive avec 1 pincée de curry, du sel et du poivre. En badigeonner le halloumi et réserver sur une plaque. Mixer la moitié du yaourt grec avec 1 pincée de curry et les feuilles de menthe, du sel et du poivre. Mélanger l'autre moitié avec l'ail haché, le thym effeuillé, du sel, du poivre et 1 cuillerée à soupe d'huile d'olive. Réserver dans des bols. Couper le concombre en deux dans la longueur puis en demi-rondelles de 1 cm. Placer les bols au centre de la planche, puis ranger autour le concombre, la roquette, les pousses d'épinard, les tomates cerises et laisser une place pour les brochettes.
Enfourner la plaque avec le halloumi 10 minutes à 180 °C.
Dresser sur la planche, arroser de miel et servir.

BROCHETTES CAROTTES & SAUMON RÔTI

Préparation : 15 minutes
Cuisson : 10 minutes

pour 4 personnes

240 g de pavés de saumon
2 gros poireaux lavés
300 g de carottes lavées
2 endives
100 g de noix de coco râpée
15 cl d'eau
2 gousses d'ail
1 petit piment rouge
1 citron
2 cuillerées à soupe de yaourt grec
1 cuillerée à soupe de pâte de curry
20 g de gingembre frais
4 branches de coriandre
1 cuillerée à soupe de graines de sésame
2 cuillerées à café de graines de coriandre
2 cuillerées à soupe de sirop d'érable
1 cuillerée à café d'huile de tournesol
Sel

Planche ø 30 cm

recette

Mélanger la pâte de curry avec 1 cuillerée à soupe de yaourt grec et 1 pincée de sel. Enduire les pavés de saumon du mélange et réserver au frais. Presser ½ citron. Peler l'ail et le gingembre. Effeuiller la coriandre, réserver les branches. Mixer la noix de coco avec 15 cl d'eau, 1 cuillerée à soupe de sirop d'érable, le jus de citron, le gingembre, le piment, l'ail, 1 cuillerée à soupe de yaourt grec, du sel, la moitié des graines de coriandre et les queues de coriandre. Réserver au frais. Retirer le vert des poireaux, couper le blanc en tronçons de 2 cm et les carottes en rondelles de 2 cm d'épaisseur. Les faire cuire 15 minutes à la vapeur. Les mettre encore chauds dans un bol et verser l'huile, 1 cuillerée à soupe de sirop d'érable, 1 pincée de sel, le reste des graines de coriandre écrasées et les graines de sésame. Ranger les poireaux et les carottes sur une plaque de cuisson, poser à côté les pavés de saumon côté peau vers le bas et enfourner 10 minutes sous le gril du four à 220 °C. Verser la préparation à la noix de coco dans un bol au centre de la planche. Piquer les poireaux et les carottes sur des brochettes et les ranger autour du bol. Retirer la peau du saumon et le couper en dés puis ranger autour du bol. Couper les endives en quatre dans la longueur et les ranger. Décorer le tout de feuilles de coriandre. Couper le demi-citron restant en quatre et servir sur la planche pour arroser le saumon.

BROCHETTES ACCORDÉON

Préparation : 45 minutes
Cuisson : 30 minutes

pour 6 personnes

4 pommes de terre à chair ferme de 250 g
400 g de bavette de bœuf émincée finement
1 poivron rouge
1 poivron vert
1 sucrine
1 endive
150 g de tomates cerises
150 g de yaourt grec
150 g de crème d'ail
2 cuillerées à soupe de sauce barbecue
2 branches de persil
2 branches d'estragon
2 branches de thym
1 cuillerée à soupe de câpres
2 cornichons
6 cuillerées à soupe d'huile d'olive
30 g de beurre
1 gousse d'ail
1 cuillerée à soupe de grains de poivre
Sel et poivre du moulin

Planche 50 × 32 cm

recette

Laver et couper les pommes de terre en deux dans la longueur, les trancher très finement au robot ou à la mandoline et piquer les lamelles sur des brochettes. Couper les poivrons en lamelles, les piquer sur des brochettes. Écraser les grains de poivre et mélanger dans un bol avec les morceaux de bavette pour les enrober. Piquer sur des brochettes et assaisonner de sel. Faire fondre le beurre avec la gousse d'ail pressée et 4 cuillerées à soupe d'huile d'olive. Badigeonner les pommes de terre du mélange. Arroser les poivrons de 1 cuillerée à soupe d'huile d'olive. Ranger le tout (sauf la viande) sur une plaque de cuisson, saler, poivrer et enfourner 30 minutes à 180 °C. Ajouter les piques de viande sur la plaque 3 minutes avant la fin de la cuisson. Mélanger le yaourt grec avec les herbes ciselées, les câpres, les cornichons hachés, du sel, du poivre et 1 cuillerée à soupe d'huile d'olive. Placer au milieu de la planche 3 bols avec la sauce aux herbes, la crème d'ail, la sauce barbecue. Ranger autour les brochettes, les tomates cerises, l'endive effeuillée et la sucrine coupée en huit dans la longueur. Servir aussitôt.

BROCHETTES FAÇON TIAN

Préparation : 30 minutes
Repos : 1 heure
Cuisson : 40 minutes

pour 6 personnes

1 aubergine (400 g)
150 g de pois chiches rincés et égouttés
3 petits poivrons rouges
1 grosse courgette ou 2 petites (400 g)
1 oignon
1 branche de basilic
2 gousses d'ail
1 cuillerée à café de paprika fumé
3 branches de thym
250 g de ricotta
100 g de mascarpone
250 g de tomates cerises
4 branches céleri
200 g d'olives noires
Huile d'olive
Sel et poivre du moulin
Crackers aux olives
Gressins

Planche 50 × 32 cm

recette

Couper l'aubergine en gros dés, les mettre dans une passoire et saupoudrer de 2 pincées de sel. Mélanger et laisser dégorger 1 heure. Mélanger les pois chiches avec 1 cuillerée à soupe d'huile d'olive, le paprika fumé, 1 gousse d'ail hachée, le basilic ciselé, du sel et du poivre. Réserver au frais. Enfourner 1 poivron, 1 gousse d'ail et ½ oignon pelé 20 minutes à 200 °C. Mixer le poivron avec les feuilles de 1 branche de thym, du sel, du poivre, le mascarpone et 1 cuillerée à café d'huile d'olive. Réserver au frais. Mixer l'oignon avec la ricotta, les feuilles de 1 branche de thym, du sel, du poivre et 1 cuillerée à soupe d'huile d'olive. Réserver au frais. Presser les aubergines et les essuyer. Couper les courgettes en rondelles de 1 cm, couper le ½ oignon restant en deux et séparer ses couches. Couper les poivrons en morceaux de 2 cm de large. Piquer les légumes sur des piques. Les ranger sur une plaque, arroser de 2 cuillerées à soupe d'huile d'olive, saler, poivrer et parsemer des feuilles de thym restantes. Enfourner 20 minutes à 200 °C. Ranger sur la planche les pois chiches marinés et les dips. Couper les branches de céleri en bâtonnets, les ranger autour des bols avec les autres éléments. Décorer de feuilles de basilic avant de servir.

BOULETTES SAUCISSE & MAÏS GRILLÉ

Préparation : 30 minutes
Repos : 30 minutes
Cuisson : 30 minutes

pour 8 personnes

350 g de chair à saucisse
24 tranches de poitrine fumée
2 épis de maïs frais
3 poivrons longs
1 petit oignon
1 gousse d'ail
1 citron vert
1 œuf
30 g de chapelure
6 branches de coriandre

3 cuillerées à soupe de sauce barbecue
125 g de crème épaisse
1 pincée d'origan
1 cuillerée à café de paprika fumé
3 cuillerées à soupe d'huile d'olive
Sel et poivre du moulin
6 pains pitas

Planche ø 40 cm
2 bacs à glaçons pour 18 glaçons environ

recette

Mélanger la chair à saucisse, l'oignon et l'ail hachés, l'œuf, la chapelure, saler et poivrer. Couvrir les bacs à glaçons côté trous de 12 tranches de poitrine en les chevauchant. Réaliser des boulettes de farce un peu plus petites que les trous à glaçon et les enfoncer en appuyant. Rabattre les tranches de poitrine pour refermer l'ensemble. Placer 30 minutes au congélateur. Couper les épis de maïs en quatre dans la longueur. Les badigeonner de 2 cuillerées à soupe d'huile d'olive mélangée avec le paprika, du sel et du poivre. Couper les poivrons en quatre, les épépiner. Démouler les bacs à glaçons sur une plaque couverte de papier cuisson. Couper autour des boulettes. Ranger à côté les épis de maïs, les quarts de poivron, arroser de 1 cuillerée à soupe d'huile d'olive, saler et poivrer. Enfourner 20 minutes à 200 °C. Retirer les poivrons et les maïs, badigeonner les boulettes de 2 cuillerées à soupe de sauce barbecue et enfourner encore 10 minutes. Mélanger la crème épaisse avec 1 cuillerée à soupe de sauce barbecue et les queues de coriandre finement ciselées. Placer au centre d'une planche, ranger autour les autres éléments. Servir avec les pains pita, le citron vert coupé en quartiers et de la coriandre.

BOULETTES DE BŒUF & AUBERGINE

Préparation : 25 minutes
Cuisson : 35 minutes

pour 6 personnes

500 g d'aubergines
400 g de bœuf haché
250 g de tomates
250 g de baba ganoush
¼ de grenade égrainée
150 g de pousses d'épinard
2 branches de menthe
1 gousse d'ail
1 oignon
15 g de pignons de pin

1 citron coupé en quartiers
1 pincée de cumin
1 pincée de piment
1 pincée de cannelle
1 pincée d'origan
3 cuillerées à soupe huile d'olive
Sel et poivre du moulin
Pains pita

Planche 40 × 30 cm

recette

Couper les aubergines en tranches de 1 cm. Les ranger sur une plaque et les badigeonner de 1 cuillerée à soupe d'huile d'olive. Enfourner 30 minutes à 180 °C. Saler et laisser tiédir sur la plaque. Mélanger le bœuf haché avec l'oignon et l'ail hachés, les épices, l'origan, saler et poivrer. Réaliser une vingtaine de boulettes avec le mélange. Rincer les épinards, les cuire 5 minutes à couvert dans une poêle avec 1 cuillerée à soupe d'huile. Saler et mélanger. Dorer les pignons 3 minutes dans une poêle sur feu vif. Étaler le baba ganoush sur un tiers de la planche, border d'épinards cuits, ranger à côté les pains pita, les tomates coupées en quartiers et les tranches d'aubergine grillées. Au dernier moment, cuire les boulettes par trois ou quatre dans une poêle avec 1 cuillerée à soupe d'huile d'olive sur feu vif. Les ranger sur le baba ganoush, parsemer de graines de grenade, de pignons grillés et de menthe ciselée. Servir aussitôt avec les quartiers de citron.

BOULETTES DE TOMATES CERISES

Préparation : 20 minutes
Cuisson : 10 minutes

pour 4 personnes

250 g de tomates cerises
2 petites courgettes
10 fines tranches de jambon cru
250 g de billes de mozzarella
1 œuf
2 cuillerées à soupe de panko ou de chapelure
1 cuillerée à soupe de vinaigre balsamique
1 petit oignon nouveau

2 branches de thym
20 g de parmesan
3 cuillerées à soupe d'huile d'olive
Sel et poivre du moulin
1 baguette

Planche ø 40 cm

recette

Équeuter 16 tomates cerises. Couper les courgettes en lamelles avec un économe. Couper les tranches de jambon en lamelles aussi larges que celles de courgette. En réserver 16. Ranger 1 lamelle de courgette sur 1 lamelle de jambon et rouler. Casser l'œuf dans un bol et le battre avec 1 pincée de poivre. Mettre le panko ou la chapelure dans un autre bol. Rouler les lamelles de jambon restantes autour des tomates cerises. Tremper dans l'œuf battu puis dans la chapelure puis rouler dans les mains pour bien les enrober. Les ranger sur une plaque. Couper la moitié de la baguette en tranches et l'autre moitié en mouillettes. Ranger les mouillettes sur la plaque, arroser de 1 cuillerée à soupe d'huile d'olive, parsemer de parmesan râpé et de thym effeuillé, poivrer. Enfourner 10 minutes sous le gril du four à 220 °C. Placer un bol au centre d'une planche, verser les billes de mozzarella, arroser de 2 cuillerées à soupe d'huile d'olive, ajouter l'oignon nouveau émincé, le vinaigre balsamique, saler et poivrer. Ranger autour les rouleaux courgette-jambon, les boulettes de tomate et le pain au parmesan. Ajouter les tranches de baguette.

BOULETTES POULET & MOUTARDE

Préparation : 20 minutes
Cuisson : 10 minutes

pour 8 personnes

250 g de filets de poulet
1 petite botte d'asperges
2 carottes coupées en bâtonnets
150 g de champignons de Paris coupés en tranches et en quartiers
1 sucrine coupée en huit
1 morceau de bleu de Bresse
120 g de crème épaisse
60 g de chapelure
1 œuf
1 échalote
1 cébette coupée en quatre
1 branche d'estragon
1 citron
2 cuillerées à soupe d'huile d'olive
1 cuillerée à café de moutarde
Sel et poivre du moulin
½ baguette coupée en tranches

Planche ø 34 cm

recette

Râper la moitié du zeste de citron, le couper en deux, presser une moitié pour récupérer le jus, couper l'autre moitié en quartiers. Hacher le poulet, l'échalote et les feuilles d'estragon. Mélanger avec l'œuf, la chapelure, le zeste de citron, 1 cuillerée à soupe d'huile d'olive, du sel et du poivre. Former 18 boulettes et les faire cuire 6 à 7 minutes à la poêle. Faire cuire les asperges 10 minutes à la vapeur. Mélanger la crème avec le jus de citron, la moutarde, du sel, du poivre et 1 cuillerée à soupe d'huile d'olive, verser dans un bol. Le poser sur une planche, ranger autour harmonieusement tous les ingrédients. Ajouter les quartiers de citron et décorer de feuilles d'estragon.

BOULETTES JAMBON & PARMESAN

Préparation : 30 minutes
Cuisson : 30 minutes
Repos : 15 minutes

pour 8 à 10 personnes

400 g de riz rond à sushis
150 g d'asperges
150 g de tomates cerises
1 endive carmine
100 g de jambon blanc
8 tranches de jambon cru
100 g de parmesan râpé
1 morceau de gorgonzola
1 cuillerée à soupe d'ail mariné au piment
1 gousse d'ail
2 branches de basilic
3 brins de ciboulette
1 cuillerée à soupe d'huile d'olive
Sel et poivre du moulin
Crackers

Planche 45 × 37 cm

recette

Rincer le riz dans plusieurs bains d'eau en remuant les grains jusqu'à ce que l'eau soit claire. Le verser dans une casserole avec 53 cl d'eau. Porter à ébullition puis laisser cuire à couvert 15 minutes sur feu moyen-doux. Laisser reposer 15 minutes à couvert, puis verser dans un saladier et laisser tiédir. Cuire les asperges 15 minutes à la vapeur. Mixer 10 tomates avec la gousse d'ail, 1 branche de basilic, l'huile d'olive, saler et poivrer. Verser dans un bol. Verser la moitié du riz dans un autre saladier. Mélanger une moitié avec le parmesan et 1 cuillerée à café de poivre. Mélanger l'autre moitié avec les feuilles de 1 branche de basilic et la ciboulette ciselées, et le jambon blanc haché. Réaliser une vingtaine de boulettes avec chaque mélange en gardant les mains bien mouillées pour ne pas que le riz accroche. Poser le bol de sauce au centre d'une planche et ranger les boulettes de part et d'autre. Ajouter le reste des éléments. Décorer de feuilles de basilic.

RICE BALLS AU THON

Préparation : 25 minutes
Cuisson : 30 minutes
Repos : 15 minutes

pour 6 à 8 personnes

400 g de riz
90 g de thon en boîte
150 g de houmous
50 g de cream cheese (Philadelphia®)
3 carottes coupées en bâtonnets
1 concombre coupé en rondelles
9 minipoivrons
½ citron
1 gousse d'ail

1 échalote
1 cuillerée à café de purée de piment
1 cuillerée à soupe d'huile d'olive
1 cuillerée à soupe de sauce soja
Sel et poivre du moulin
Gressins au sésame

Planche 34 × 34 cm

175

recette

Rincer le riz dans plusieurs bains d'eau en remuant les grains jusqu'à ce que l'eau soit claire. Le verser dans une casserole avec 53 cl d'eau. Porter à ébullition puis laisser cuire à couvert 15 minutes sur feu moyen-doux. Laisser reposer 15 minutes à couvert, puis verser dans un saladier et laisser tiédir. Faire sauter les poivrons 6 à 7 minutes avec l'huile d'olive dans une poêle sur feu vif, ajouter l'ail pressé, saler et faire sauter encore 1 minute. Mélanger le cream cheese avec la ciboulette ciselée, le zeste râpé et le jus du citron, du sel et du poivre. Mélanger le thon égoutté avec la purée de piment. Former les boulettes : étaler 1 cuillerée à soupe de riz dans la main bien mouillée, placer ½ cuillerée à café de thon au piment au centre et fermer la main pour former une boule. Rouler entre les mains bien mouillées. Recommencer pour les autres boulettes. Ranger les bols de houmous, de sauce soja et de fromage à la ciboulette et citron au centre d'une planche. Disposer autour les boulettes et les autres éléments. Servir.

SUCRÉES

Pour finir l'apéro ou le repas en beauté mais aussi pour un tea time, un brunch ou un goûter original.

PLANCHE DE FRUITS

Préparation : 40 minutes

pour 8 personnes

1 pomme granny-smith
1 pomme reinette
1 poire
1 grenade
1 pamplemousse
1 orange
3 petites bananes
2 fruits de la Passion
1 mangue
1 ananas
1 kiwi jaune
2 kiwis verts
1 grappe de raisin noir
1 grappe de raisin blanc
10 kumquats
1 barquette de myrtilles
1 barquette de framboises
1 branche de menthe
Le jus de 1 citron

Planche ø 40 cm

recette

Couper les pommes en tranches fines à la mandoline. Arroser de jus de citron pour qu'elles ne brunissent pas. Couper la poire en fines lamelles et les arroser de jus de citron. Couper la grenade en quartiers, égrainer 2 quartiers. Garder les autres intacts. Couper le pamplemousse en quartiers et l'orange en rondelles. Couper les bananes en deux et les arroser de jus de citron. Couper les fruits de la Passion en deux. Couper la mangue en deux autour du noyau, quadriller la chair tous les centimètres en entamant avec la pointe d'un couteau sans couper la peau. Retourner la peau comme une chaussette pour faire sortir les cubes de chair. Couper l'ananas en 8 tranches dans la longueur. Couper ces tranches en morceaux de 2 cm sans couper la peau. Pour les kiwis, tenir chacun dans la paume de la main dans le sens de la hauteur, entrer la pointe d'un petit couteau en biais au centre du kiwi pour atteindre le cœur de la chair sans le traverser. Entrer ainsi plusieurs fois la pointe du couteau en dents de scie pour créer un zigzag tout autour. Détacher les 2 parties. Ranger harmonieusement les fruits sur la planche. Réserver au frais avant de servir.

PLANCHE TOUT CHOCO

Préparation : 25 minutes
Cuisson : 10 minutes
Repos : 40 minutes

pour 8 à 12 personnes

200 g de chocolat noir pâtissier
100 g de chocolat blanc pâtissier
7 cl de café expresso chaud
10 cl de crème liquide
1 tablette de chocolat au lait au riz soufflé
1 tablette de chocolat noir aux noisettes
24 biscuits Petit Brun®
7 paquets de crêpes dentelle
130 g de bâtonnets sablés chocolat au lait
100 g de florentins aux noisettes
3 rochers chocolat au lait
10 Oreo®
2 bananes
100 g de myrtilles
100 g de framboises
1 fruit de la Passion

Planche 40 × 30 cm

recette

Ranger les crêpes dentelle en rang sur un papier cuisson. Faire fondre 100 g de chocolat noir. À l'aide d'une petite cuillère, faire couler du chocolat fondu sur les crêpes en faisant un mouvement de va-et-vient pour les décorer de minces filets. Réserver au frais. Casser dans un bol les biscuits Petit Brun®. Ajouter le reste de chocolat fondu et le café. Mélanger pour obtenir une pâte avec des morceaux. Réserver 30 minutes au frais. Porter à ébullition la crème, arrêter aussitôt la cuisson et y plonger les 100 g de chocolat noir en morceaux. Laisser reposer 10 minutes puis mélanger. Couper le fruit de la Passion en deux, passer la chair dans un minitamis pour récupérer le jus. Mélanger la moitié du mélange crème-chocolat avec le jus de fruit de la Passion et verser dans les coques de fruit de la Passion. Réserver. Verser le reste de chocolat dans un autre bol et réserver. Réaliser une vingtaine de boulettes avec la pâte aux biscuits. Faire fondre le chocolat blanc. Piquer les boulettes d'un cure-dents et tremper la moitié dans le chocolat blanc. Poser sur une feuille de papier cuisson et laisser prendre. Couper les bananes en rondelles biseautées. Poser tous les éléments harmonieusement sur la planche. Servir aussitôt.

BUTTER BOARD CONFITURE & MIEL

Préparation : 5 minutes

pour 6 personnes

125 g de beurre doux
Le zeste de ½ orange
1 cuillerée à café de miel
1 cuillerée à café de confiture de framboises
15 noisettes
15 raisins secs
½ baguette

Planche ø 30 cm

recette

Hacher grossièrement les noisettes. Fouetter le beurre avec le zeste d'orange et l'étaler sur une planche. Arroser de miel sur une moitié et étaler la confiture sur l'autre moitié. Parsemer de raisins et de noisettes avant de servir avec des tranches de baguette.

BRUNCH

Préparation : 25 minutes
Cuisson : 30 minutes

pour 6 personnes

150 de tranches de truite ou saumon fumé
4 œufs
6 tranches de bacon ou de poitrine fumée
6 tranches de jambon blanc aux herbes
2 cuillerées à soupe de sirop d'érable
1 morceau de comté
1 banane
150 g de myrtilles
150 g de framboises
200 g de fraises
½ citron
50 g de beurre
1 branche d'aneth
3 cuillerées à soupe de mascarpone
3 cuillerées à café de confiture de framboises
3 cuillerées à café de confiture de myrtilles
Sel et poivre du moulin
4 gaufres
6 pancakes
½ baguette

Planche 45 × 37 cm

recette

Ranger les tranches de bacon bien à plat sur une plaque de cuisson. Les badigeonner de sirop d'érable et enfourner 10 à 15 minutes à 200 °C. Les tranches doivent être caramélisées. Mélanger le mascarpone avec le jus de citron, du sel, du poivre et la moitié de l'aneth ciselé. Couper le pain en tartines et les faire griller. Couper les fraises en quartiers et la banane en rondelles. Casser les œufs et les battre avec 2 cuillerées à soupe d'eau. Faire fondre 10 g de beurre dans une poêle sur feu moyen et verser les œufs battus. Cuire 2 à 3 minutes sans cesser de mélanger pour que les œufs coagulent sans sécher. Saler et poivrer. Poser sur une planche les œufs brouillés, les bols de crème mascarpone et les confitures. Ranger autour les pancakes et les gaufres. Ajouter le reste des éléments. Décorer du reste de citron coupé en quartiers et d'aneth ciselé avant de servir.

LA PLANCHE ENCHANTÉE

Préparation : 45 minutes
Cuisson : 1 heure

pour 8 à 12 personnes

2 blancs d'œufs
150 g de sucre
250 g de mascarpone
200 g de chocolat blanc
Colorants alimentaires : bleu, rouge, jaune
Colorant alimentaire en poudre doré
4 gaufrettes au beurre
8 cigarettes russes
12 Pailles d'Or® à la framboise
9 Schoko-Bons® (petits œufs au chocolat blanc)
9 Raffaello®

6 sucettes Chupa Chups®
8 chamallows
1 boîte de Smarties®
4 scoubidous acidulés de couleurs
12 gommes aux sucres acidulées
8 rouleaux goût fruits
Vermicelles de sucre arc-en-ciel
Perles de sucre multicolores
100 g de framboises fraîches

Planche 40 × 30 cm

recette

Monter les blancs en neige ferme avec la moitié du sucre. Ajouter le reste de sucre et fouetter encore 10 secondes. Séparer dans 3 bols. Verser 1 goutte de colorant rouge et 1 goutte de bleu dans un bol. Mélanger doucement. Ajouter 1 goutte jaune dans le deuxième bol et mélanger doucement jusqu'à obtenir des vagues jaunes. Incorporer ½ cuillerée à café de poudre dorée dans le troisième. Former 10 meringues sur une plaque couverte de papier cuisson. Enfourner 1 heure à 120 °C. Laisser refroidir sur la plaque. Faire fondre le chocolat blanc au bain-marie. Fouetter la moitié avec le mascarpone. Badigeonner le bout des cigarettes russes et le tour des gaufrettes du chocolat restant et parsemer de vermicelles arc-en-ciel et de perles multicolores. Laisser refroidir sur un papier cuisson. Étaler le mascarpone en forme de rivière en diagonale sur une planche. Poser les scoubidous acidulés en forme d'arc-en-ciel sur un bord. Ranger harmonieusement le reste des éléments. Décorer de perles de sucre avant de servir.

INDEX

190

REMERCIEMENTS

Un IMMENSE merci à Delphine, qui m'a grandement aidée pendant tout ce projet et dont la présence était vraiment précieuse. En plus d'être une amie c'est une assistante de choc !
Un autre grand MERCI à Rebecca qui, au-delà d'être une photographe talentueuse, est une super partenaire de travail, fun, efficace et spontanée !
Merci à Christine et Audrey de m'avoir proposé ce projet dont je n'imaginais pas l'ampleur au départ, mais qui a été une super opportunité pour faire marcher ma créativité et proposer des recettes comme des tableaux, renouant ainsi avec ma formation artistique (et assouvissant ma névrose du rangement et de la symétrie...).
Merci à toute l'équipe Marabout qui a travaillé sur ce livre.
Merci à mes voisins et amis qui sont mes testeurs officiels.
Merci à ma Nina chérie, comme d'habitude, d'accepter la cuisine en chantier au quotidien et de manger tous les restes du travail de Maman alors que les pâtes au beurre, c'est franchement plus sympa !

Mise en pages : Frédéric Voisin
Relecture : Émilie Collet et Natacha Kotcketkova

2153209
ISBN : 978-2-501-17709-2
Dépôt légal : février 2023

Achevé d'imprimer en janvier 2023 sur les presses de Grafo en Espagne.